走进千年

遼上京

上

刘喜民 刘浩然 著

内蒙古人民出版社

内蒙古出版集团

图书在版编目(CIP)数据

走进千年辽上京 ：全3册 / 刘喜民，刘浩然著.
--呼和浩特 ：内蒙古人民出版社，2014.1
ISBN 978-7-204-12692-7

Ⅰ．①走… Ⅱ．①刘… ②刘… Ⅲ．①中国历史
－辽代－通俗读物 Ⅳ．①K246.109

中国版本图书馆CIP数据核字(2013)第313154号

走进千年辽上京

作　　者	刘喜民　刘浩然
选题策划	马东源
责任编辑	马燕茹　王　静　樊志强　李向东
封面设计	那日苏
出版发行	内蒙古出版集团　内蒙古人民出版社
地　　址	呼和浩特市新城区新华大街祥泰大厦
网　　址	http：//www.nmgrmcbs.com
印　　刷	内蒙古爱信达教育印务有限责任公司
开　　本	810×1050　1/16
印　　张	30.75
字　　数	689千
版　　次	2014年6月第1版
印　　次	2014年6月第1次印刷
印　　数	1—4000　套
书　　号	ISBN 978-7-204-12692-7/ K·360
定　　价	118.00元（上、中、下）

遼上京

前 言

公元十世纪，契丹民族崛起于我国北方，建立了中国历史上与五代、北宋相始终的契丹辽王朝，创造了举世瞩目的契丹辽文化。但是，随着契丹辽王朝的灭亡，这个对中华民族、中华国家、中华文化和人类文明有着巨大贡献的伟大民族却神秘地消失了，契丹辽文化也逐渐被历史的长河所湮没，成为史学上的一个千古之谜。历代史学家为了揭开这个谜底，进行了不懈地研究和探索。时至今日，大量的考古发现终于使尘封千年的契丹辽文化逐渐撩开神秘面纱，重新展现在世人面前。

概而言之，契丹辽文化是以中原文化与草原文化、农耕文化与游牧文化相融合为主而形成的一种多元文化。不过，文化是一个非常广泛的概念，要想全面了解和研究契丹辽文化，还应该走进它的发源地——辽上京。

有辽一代建有五京，上京是首都。上京城自公元 918 年建筑至公元 1120 年被金兵攻陷，作为契丹辽王朝首都共计 202 年。这里不仅是契丹辽王朝政治、经济、文化、宗教中心，是契丹辽王朝九帝后及高官显贵们生活和工作之地，同时也是契丹辽王朝耶律氏皇族的祖籍，肇兴开国昌盛之地。从辽太祖阿保机七世祖耶律雅里算起，至其九世孙辽天祚帝耶律延禧被金兵俘虏，契丹辽王朝灭亡的 400 余年时间里，辽上京是辽太祖家族十六代人繁衍生息的地方，留下了诸多以辽帝后、皇族外戚、高官显贵为主的契丹及汉、渤海人的痕迹和记忆，由此奠定了辽上京作为契丹辽文化发源地的历史地位。

从史学研究角度，辽上京是契丹辽王朝的首都，是一座都城；从大众传媒角度，辽上京泛指今巴林左旗。本书即是从大众传媒角度，以辽上京主要山脉河流，辽代古城遗址、建筑、墓葬及辽王朝帝、后和主要人物等为切入点，融山川河流，辽代建筑、遗址、人物、考古及辽王朝政治、经济、文化、外交、宗教、人文地理、历史事件等于一体，用现代语言、今人视角叙述契丹辽王朝建立者辽太祖阿保机家族祖籍地、发祥地，辽上京名称演变、契丹建国情况及发生在辽上京的历史事件、生活和工作在辽上京的主要人物事迹，将一千多年前契丹人在辽上京的故事展现在读者面前，进而诠释辽上京之契丹辽代历史文化内涵。

　　本书将考古与历史故事、人物事迹等融为一体，是一本通俗性的历史读物，为了增强可读性和趣味性，根据各章节内容相应地配印了有关图片，意在让更多的人或契丹辽文化爱好者了解更多的辽上京之契丹辽代历史文化。

　　作者并非契丹辽史专家，只是出于对契丹辽史及家乡历史的一种爱好，而涉足契丹辽文化这一领域，充其量是一个"草根研究者"。本书的一些观点有些是借助了前人的研究成果，有些是作者多年阅读《辽史》的心得。由于契丹人给世人留下的资料非常匮乏，许多问题缺乏足够的证据加以说明，因此本书的一些观点带有推论的性质。当然，这些推论是建立在作者对《辽史》理解的基础之上，并非凭空想象。即便如此，也难免有错误之处，敬请读者指教。

作者

2013 年 3 月 20 日于辽上京

目 录

走进千年辽上京

· 第 三 章 · 从龙眉宫到上京 【51】

目 录

3

走进千年辽上京

目 录

第一章

山脉

山脉

契丹人与我国古代北方众多游牧民族一样信奉萨满教，认为高山是通往上天的路，是神灵的住所，是人类灵魂的宿地。契丹人不仅崇山、敬山、祭山、拜山，而且还有比较完整的祭山仪式。《辽史·地理志》记载辽上京临潢府所辖地域内有十几座著名的山脉，其中位于辽上京城附近的祖山、赤山、黑山、木叶山等都是辽代著名山脉。

一、祖山

辽代祖山即今巴林左旗查干哈达苏木石房子嘎查（村）背靠的大布拉格山和小布拉格山的泛称。布拉格，蒙古语意为水泉，布拉格山即泉子山。大、小布拉格山属于大兴安岭山脉南段支脉，两山都是由数座相互簇拥且相连着的山峰组成的袋状山谷，因谷内有泉水而得名。大布拉格山是东北西三面环山，只有南面有一谷口的袋状山谷，辽代时称液山，山谷称黎谷，谷内泉水称液泉，谷口两侧有高耸入云的石碰子，形成天然山门称龙门，亦称黑龙门。辽太祖阿保机病逝后

巴林左旗出土八思巴文铜印

就葬在大布拉格山谷内，辽祖州城则建在黑龙门外左侧的台地上。

我国古代北方游牧民族多选择依山傍水地势作为驻牧地，契丹自然也不例外，大、小布拉格山就是契丹辽王朝建立者——辽太祖耶律阿保机家族的驻牧地，同时这里也是契丹辽王朝耶律氏皇族的祖源地、肇兴地和祭祖圣地。

契丹是我国北方的一个古老民族，就其族源而言，属于东胡苗裔。

春秋战国时期，东胡是生活在胡（匈奴）东面的诸多民族的统称，以今赤峰境内的西拉沐沦河和老哈河两河流域为中心，隔燕山山脉与中原政权为邻。秦末汉初，东胡部落联盟被匈奴单于冒顿击溃，其中一部退保大兴安岭山脉南段的乌桓山；逐渐形成乌桓，还有一部退保大兴安岭山脉中段的鲜卑山一带，逐渐形成鲜卑。

东汉末年，随着匈奴退出历史舞台及乌桓人被曹操迁入塞内，居住于大兴安岭山脉的鲜卑走

大布拉格山主峰（辽代祖山）

辽代铜佛

出深山老林，南迁西走，占据了西拉沐沦河和老哈河流域，进而填补了匈奴撤走后的漠北地区，将留居原地的匈奴、乌桓等民族纳入其中，逐渐形成东部鲜卑、北部鲜卑、西部鲜卑"三大板块"，统治了大漠草原。东部鲜卑由慕容氏、宇文氏、段氏三大部族组成，其中宇文氏自称炎帝后裔，为南匈奴单于后人，始祖曰葛乌菟，葛乌菟之孙莫那率众从阴山一带南迁到辽西地区，征服了当地的鲜卑人，形成东部鲜卑宇文部。公元344年，宇文部被慕容部所灭，部众析为两部，少数仍曰宇文氏西迁进入中原的北魏政权，至宇文泰、宇文觉时期代西魏建立了北周政权（557年～581年），孕育了后来的隋朝；多数逃入松漠间（以今赤峰市为中心），与当地的民族融合形成了库莫奚、契丹等新的民族，由于当时契丹部族势力弱小，因而寄篱于库莫奚部落联盟中而不被外界所知。公元388年，北魏政权对库莫奚部大举用兵，库莫奚部被击溃，契丹部族趁机从库莫奚部中脱离出来走上独立发展道路，开始以契丹族称登上历史舞台。

契丹从独立登上历史舞台到建国的五百多年时间里，经历了古八部联盟（八部为：悉万丹、何大何、伏弗郁、羽陵、日连、匹絜、黎、吐六于）、大贺氏八部联盟（大贺氏早期八部为：达稽、纥便、独活、芬问、突便、芮奚、坠斤、伏；晚期八部为：旦利皆部、乙室活部、实活部、纳尾部、频没部、内会鸡部、集解部、奚嗢部）、遥辇氏八部联盟（八部为：迭剌部、乙室部、品部、楮特部、乌隗部、突吕不部、涅剌部、突举部）等发展阶段。这期间，由于战争和内乱等原因，契丹八部并非始终如一，而是经历了多次的聚散离合和重组，八部名称也不断地发生着变化。

东 胡

东胡是中国历史上古老的游牧民族，因居匈奴（胡）东而得名。春秋战国以来，南邻燕国，后为燕将秦开所破，迁于今辽河上游老哈河、西拉沐沦河流域。燕筑长城以防其侵袭。秦末，东胡被匈奴冒顿单于击败。退居乌桓山的一支称为乌桓；退居鲜卑山的一支称鲜卑。东胡族系包括的部落和民族很多：如乌桓、鲜卑以及由鲜卑分化出的慕容、宇文、段部、拓跋、乞伏、秃发、吐谷浑各部，此外还有柔然、库莫奚、契丹、室韦、蒙古。"东胡"一名虽然消失，但其后裔在欧亚草原和中原地区造成的巨大影响和先后建立的王朝令人慨叹。

大布拉格山（辽代祖山）上辽太祖纪功碑龟趺

松漠都督府

唐朝中央为管理契丹设立的政治机构。公元648年，契丹酋长窟哥率部内附，唐太宗以窟哥为都督，成立了管辖九个州的松漠都督府。唐太宗遵照契丹传统习俗，颁赐旗鼓于摩会，表示正式承认其部落联盟长职务，要他代表唐朝统率契丹。松漠都督府的设立对契丹社会政治、经济和文化的发展，无疑具有十分重要的意义，是契丹社会发展史上的一件大事。696~717年，因契丹反唐，一度被撤。安史之乱后，松漠都督府名存实废。唐末，耶律阿保机就是以松漠都督府的辖区为基础，统一契丹建立了辽国。

唐武则天执政期间，契丹大贺氏部落联盟首领李尽忠在营州（今辽宁朝阳）起兵反唐（696年）失败，大贺氏八部联盟溃散，只剩五部。在此后的近半个世纪的时间里，契丹进入内讧时期，大贺氏部落联盟随之解体，起而代之的是契丹遥辇氏联盟。在遥辇氏联盟建立过程中，契丹崛起了一个新家族，这个家族就是后来建立契丹辽王朝的迭剌部耶律氏家族，代表人物叫世里雅里。

关于迭剌部组建过程及耶律氏家族的族源，《辽史》有相应的记载。《辽史·地理志》载"五院部。其先曰益古，凡六营。阻午可汗时，与弟撒里本领之，曰迭剌部。传至太祖，以夷离堇即位"。"乙室部。其先曰撒里本，阻午可汗之世，与其兄益古分营而领之，曰乙室部"。"涅里相阻午可汗，分三耶律为七……三耶律：一曰大贺，二曰遥辇，三曰世里，即皇族也……其分部皆未详；可知者曰迭剌，曰乙室，曰品，曰楮特，曰乌隗，曰突吕不，曰涅剌，曰突举，

辽代六角形柏木椁

辽代铜净瓶

巴林左旗出土的辽墓木椁

巴林左旗出土的辽墓小帐

综合《辽史》及《资治通鉴》等史料记载，我们将迭剌部组建及辽太祖阿保机直系祖先传承关系疏理如下：

契丹大贺氏部落联盟末期，世里雅里家族（迭剌部的耶律氏家族）属于契丹右大部中的成员，雅里是世里家族所在部落首领，能力超强，在大贺氏部落联盟末期内讧解体过程中脱颖而出，因平定内乱有功而被唐廷册封为契丹松漠都督，成为契丹诸部的实际领导人，执掌了契丹诸部领导权。不过，雅里是一个善于权变之人，见遥辇氏家族比自己家族势力强大，便采取以退为进、蓄势待时之策，让出契丹领导权，拥立遥

又有右大部、左大部……大贺、遥辇析为六，而世里合为一，兹所以迭剌部终遥辇之世，强不可制云"。《辽史·兵卫志上》载"有耶律雅里者，分五部为八，立二府以总之……逊不有国，乃立遥辇氏代大贺氏"。

上述史料中提到的阻午可汗即契丹遥辇氏汗国的首任（也有书籍认为是第二任）可汗遥辇氏迪辇俎里；五院部即迭剌部的前身；涅里、耶律雅里即世里雅里，一人多名；益古、撒里本两兄弟是迭剌部耶律氏家族的祖先，其中益古有可能是世里雅里的契丹名字。

走进千年辽上京

巴林左旗出土辽墓壁画——侍饮

辽石刻武士像

辽石刻武士像（现存宁城县博物馆）

辇氏迪辇俎里为契丹诸部首领，组建了契丹遥辇氏部落联盟（737年），准备在自己家族势力强大时再取遥辇氏而代之，重新夺取契丹诸部领导权。为了实现这一目标，雅里居"逊让"和拥立之功，在组建遥辇氏联盟过程中做了以下几方面工作：一是借辅佐阻午可汗整顿重组部落之机，将大贺氏、遥辇氏析分为六个部落，将世里氏整

合为两个部落，其中以自己家族为核心组建迭刺部并自任首领，世里氏其他家族组建乙室部由其弟撒里木为首领。力分而弱，力合则强，以世里雅里家族为核心组建的迭刺部由此一跃而成为契丹新八部中的强部；二是借辅佐阻午可汗建立联盟制度之机，特设联盟夷离堇一职，执掌契丹八部兵马和法律，世里雅里以迭刺部首领（时称夷

走进千年辽上京

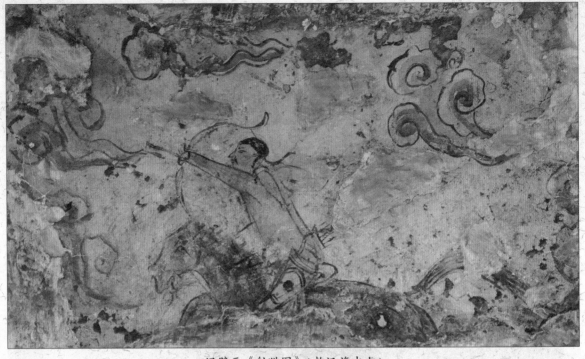

辽壁画《射猎图》（敖汉旗出土）

离堇）兼任联盟夷离堇，把契丹八部兵马大权及刑罚大权抓在手中，位居可汗一人之下，百官之上，成为契丹遥辇氏汗国的实权人物；三是借八部重新划分草牧场之机，把西拉沐沦河以北优良草牧场占为家族领地。

西拉沐沦河在辽代时称潢河、潢水，此河与赤峰市境内另一条主要河流老哈河（辽代时称土河）是西辽河的主要源流，同时也是契丹民族的母亲河。西拉沐沦河发源于大兴安岭山脉南麓，主源在今克什克腾旗境内的潢水源（辽代称平地松

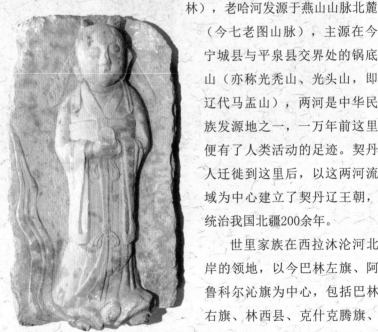

辽代供养人佛像石雕

林），老哈河发源于燕山山脉北麓（今七老图山脉），主源在今宁城县与平泉县交界处的锅底山（亦称光秃山、光头山，即辽代马盂山），两河是中华民族发源地之一，一万年前这里便有了人类活动的足迹。契丹人迁徙到这里后，以这两河流域为中心建立了契丹辽王朝，统治我国北疆200余年。

世里家族在西拉沐沦河北岸的领地，以今巴林左旗、阿鲁科尔沁旗为中心，包括巴林右旗、林西县、克什克腾旗、扎鲁特旗、西乌珠穆沁旗（部

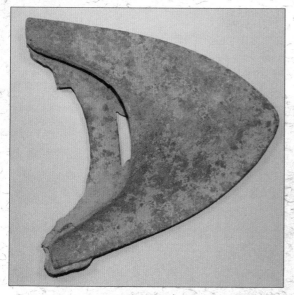

辽代铁桦犁

分）、东乌珠穆沁旗（部分）、开鲁县等地域。
这一地域北枕大兴安岭，南临西拉沐沦河，众多
河流纵横其间，从而形成了水丰草茂林密的天然
优良草牧场，因此雅里才把这一地域占为自己家
族领地。不过，雅里没有想到的是，他虽然费尽
心机、精心筹划，但其家族经过八代人170余年
的拼搏奋斗，才最终实现了取遥辇氏而代之的目
标。在这个漫长而艰辛的历程中，雅里生毗牒，
毗牒生颏领，颏领生耨里思，耨里思生萨剌德，
萨剌德生匀德实，匀德实生撒剌的（以上7人本书
均有传），撒剌的生阿保机，阿保机最终代遥辇
氏为契丹可汗进而建立契丹辽王朝。这期间，阿
鲁科尔沁旗境内的朝格图山是迭剌部世里氏家族
的统治中心（详见第三章临潢节），巴林左旗境
内的大、小布拉格山是辽太祖阿保机直系祖先的
统治中心，是契丹辽王朝建立者耶律氏家族的祖
源地和肇兴地。

　　契丹部原来没有姓氏，各部族以所居地名呼

辽代木板画《侍吏图》

9

机及其四世祖先即耨里思、萨刺德、匀德实、撒刺的都出生在大、小布拉格山。不仅如此，《辽史·地理志》庆州条记载"辽国五代祖勃突，貌异常，有武略，力敌百人，众推为王。生于勃突山，因以名；没，葬山下。在州（庆州）二百里"。这里所说的辽国五代祖勃突，即辽太祖耶律阿保机的五世祖颏领，亦即阿保机四世祖耨里思之父。耨里思既然出生在大、小布拉格山，那颏领（勃突）必然要生活在这里。勃突山"在州（庆州）二百里"，并没有说明方位，契丹人常以山体形状来称呼山名，勃突山肯定是山体突兀而被称为勃突山。大布拉格山谷口（即黑龙门）左侧有一高大山峰，山顶有一高耸入云的"且"字形石砬子，状如天梯，因而在辽代时被契丹人形象地称为天梯山，距离庆州（今巴林右旗白塔子）东南二百余里，正好符合勃突山的特征。也就是说，勃突山与天梯山有可能是同一座山脉，是契丹人在不同时期对同一座山脉的不同称谓。进一步来说，阿保机五世祖颏领（勃突）也有可能出生在大、

辽墓壁画《备饮图》（敖汉旗出土）

之，雅里家族的统治中心，即今阿鲁科尔沁旗朝格图山一带地名叫世里，因此雅里也被称为世里雅里（有些书籍亦称世里泥里、世里涅里）；阿保机担任契丹可汗后，规定各部族以所居地名著姓，世里家族便正式以世里著姓；世里汉译为耶律，阿保机开国称帝后便以耶律氏著姓，世里雅里便是耶律阿保机的七世祖。

朝格图山虽然是迭剌部世里家族的统治中心，但辽太祖阿保

辽道宗朝钱币

辽代白釉瓷灯

小布拉格山，那其父即阿保机六世祖毗牒必然生活在这里。亦即大、小布拉格山至少是阿保机可追溯的七世祖先中六世祖先的出生地，阿保机及直系祖先们祖祖孙孙八代人以这里为根据地，养精蓄锐，奋发图强，不断发展壮大家族势力，并最终由阿保机完成了对遥辇氏的最后一击，于907年取遥辇氏而代之，攫取了契丹汗权。正因为此故，大、小布拉格山在契丹建国后被耶律氏皇族尊为祖山（详见下文木叶山）。

阿保机以祖山为大本营攫取契丹汗权后，遂把契丹汗国的统治中心，从西拉沐沦河与老哈河合流地域（即原遥辇氏汗国的统治中心），逐渐西迁到大、小布拉格山的祖山地域。为了有所区别，原契丹遥辇氏汗国统治中心（即西拉沐沦河与老哈河合流处）称为东楼，祖山新的统治中心称为西楼（详见下文西楼节）。从此阿保机以祖山西楼为统治中心，开始了他的建国历程，经过10年的奋斗，于916年开国称帝，建立了契丹国，

辽代铜"永"字花押印

辽太宗耶律德光获取燕云十六州后，将大契丹国改为大辽（938年）。

辽神册三年（918年），阿保机在距离祖山东北30余公里的狼河（今乌力吉沐沦河）与沙河（今沙里河）合流处的冲击台地上建筑皇都城（今辽上京城遗址），祖山遂成为阿保机父亲撒剌的的陵园——辽德陵（详见第七章辽德陵节）。为了守卫和祭祀父亲的陵墓，阿保机把对外征伐中俘虏的汉人和渤海人等迁徙到祖山下筑屋以居，农耕纺织以食，从而使这里出现了村落、中原式建筑及市肆等，逐渐发展成为契丹腹地经济最为繁荣地区之一。同时，阿保机还把祖山作为自己的秋捺钵地，每年秋季在这里围栏射猎。

辽太宗耶律德光即位后，把父亲阿保机安葬于祖山黎谷（大布拉格山谷）内称祖陵（927年），在祖山下（天梯山南面，黑龙门左侧）建筑祖州城作为祖陵的奉陵邑，在祖山上及附近建筑众多的庙宇祠堂，以时祭父皇和陈列父皇生前所用之物，祖山遂成为契丹辽王朝第一座皇家陵园和辽廷诸帝祭祀祖先的神圣之地，一直到辽亡。

二、赤山

辽代赤山，今巴林左旗北部乌兰达坝山脉，因山体呈红色而得名。中国古代史书称之为乌丸山、乌桓山、赤山、乌兰岭，即红色山脉之意；辽代称之为兔儿山、吐儿山、犊儿山、赤山。

赤山是我国古代北方著名山脉之一，秦朝末

乌兰达坝山脉（辽代赤山）

头鱼宴

　　辽朝历代皇帝春天外出游猎捕获第一条鱼后举办的盛大宴会。头鱼宴作为我国古代风俗的一种，盛行于辽代。头鱼宴的地点通常有两处：一处是混同江，即今松花江；二是长春河一带，主要是现在的吉林省前郭尔罗斯蒙古族自治县境内的查干湖和吉林省大安市境内的月亮湖地区。直到今天，吉林省查干湖仍在举行声势浩大、场面壮观的冬季捕鱼活动。辽代从圣宗皇帝到天祚皇帝，都曾在这里建起"春捺钵"，举办头鱼宴。头鱼宴作为一个政治宗教活动，使它名扬天下的是它作为导火索，引发了女真部落的反叛，并最终灭亡了强大一时的契丹帝国。

年东胡部落联盟被匈奴冒顿单于击溃后，其中一部便退保赤山，逐渐发展为乌桓。因此，赤山是乌桓的发祥地之一，亦因此，乌桓往往被中原政权称之为"赤山乌桓"。乌桓人视赤山为神山、祖山，南迁入塞后，也没有忘记赤山，死后也要魂归赤山。乌桓人死后，家人杀肥犬及死者所乘马，连同死者衣物一并焚烧送之，意思是用肥犬（因路途遥远，把犬养肥后再杀之）引导死者灵魂乘马回归祖山——赤山。

　　乌桓被曹操击败南迁入塞后，赤山一带逐渐成为南迁的鲜卑民族游牧地，是东部鲜卑宇文部成员之一的契丹部族驻牧地。辽太祖阿保机七世祖世里雅里把西拉沐沦河北岸占为家族领地后，赤山遂成为契丹迭剌部耶律氏家族的驻牧地。不过，耶律氏家族并没有把赤山当作神山、祖山，而是当成了避暑行猎的场所，是辽帝们夏捺钵地之一。

　　所谓的捺钵，就是行营、行在、行帐、营盘的意思，是辽王朝的一种独特的政治制度。通俗一点说，就是辽王朝的皇帝们，并不是常年居住

在上京等城市里，而是仍然保持着游牧民族的习俗，即四季游猎，逐水草而居，亦即春夏秋冬四季游猎在不同的地域，称为四时捺钵。阿保机担任契丹可汗，包括开国称帝建筑皇都后，仍然保持着这种四时游猎的习惯，逐渐形成了四个比较固定的游猎区域，并在这四个地区建筑了四个土石结构的台基，或用以安置自己的庐帐，或用以举行大型活动，称之为"楼"，因此阿保机的四时捺钵便有了四楼之说。

　　春捺钵在龙化州一带称东楼（今通辽市奈曼旗八仙筒附近），每年春季来临时（每年正月上

辽代庞殿士铜佛龛

13

辽代鎏金香薰

旬左右），阿保机从冬捺钵（南楼）启程，带领有关臣僚来到东楼，主要活动是钓鱼捕天鹅；夏捺钵在赤山一带称北楼（今巴林左旗、巴林右旗、阿鲁科尔沁旗北部诸山），随着天气变暖，阿保机从东楼启程来到北楼（农历四月中旬左右），主要活动是避暑射猎；秋捺钵在祖山一带称西楼（包括今巴林左旗境内辽祖陵、巴林右旗境内辽怀陵、庆陵所在诸山），阿保机从纳凉地起程回到西楼秋捺钵地（农历七月中旬左右），主要活动是围栏射猎；冬捺钵在木叶山一带称南楼（今翁牛特旗境内潢河与土河交汇地域），随着天气变凉，阿保机从西楼启程来到南楼（大约农历十月中旬左右），主要活动是违寒习武。就这样，阿保机"每岁四时，周而复始"，游猎于四楼之间。

走进千年辽上京

乌兰达坝山脉奇峰（辽代赤山）

辽代供养人石雕像

辽代木板画《侍奉图》

关于阿保机的四时捺钵四楼，目前史学界还存在着分歧。从《辽史》记载来看，四楼只存在于辽太祖阿保机的四时捺钵，其他辽帝的四时捺钵并不存在四楼。因此，有辽史专家认为阿保机的四楼并不存在，只有西楼是真实存在的，其他三楼是后人由西楼臆测出来的。笔者认为，从《辽史》的记载来看，阿保机的四楼是真实存在的，并且在阿保机担任契丹可汗之初就已经形成。这里的"楼"与鲜卑和回鹘民族的"楼居"一样，是部落首领或汗国可汗统治中心的同义词（详见下文西楼节）。随着契丹国的建立，中原汉文化的北移，皇都、京城及州县城的建立，疆域扩大和民族成分增加，契丹社会封建化内容逐

辽代飞天石雕

渐增多，契丹人的思维方式也发生了质的变化，辽帝们虽然还保持着四时捺钵的习俗，但已经不再用"楼居"这种传统称谓来称呼首领统治中心，"楼居"称谓逐渐退出契丹国政治舞台。但由于辽太祖阿保机的四时捺钵四楼是真实存在的，因此被《辽史》记载下来。

捺钵作为契丹辽王朝的一种独特的政治制度，并非纯粹意义上的游猎活动，而是与政治紧密地结合在一起的。也就是说，捺钵是辽王朝皇帝们日常活动场所，是辽王朝实际上的朝廷。届时辽廷的一些重要臣僚都要跟随辽帝一起捺钵，辽帝要在捺钵地召开臣

辽代胡人驯狮瓷俑

辽代佛教

辽太祖、太宗时，佛教从渤海和燕云地区传入大辽国的中心地区。辽圣宗以后，佛教更为发展，各地区建造佛寺甚多，并通过贵族信徒的施舍，占有大量的土地和民户。贵族在战争中掠得的头下户被施给寺院后，这些民户不仅要向原来的领主缴纳赋税，同时还要向寺院缴纳规定的租税。辽代佛教以华严宗为最盛，佛教圣地五台山在辽朝境内，由西京大同府管辖，是华严宗的教学中心，上京开龙寺的僧人也深谙华严。辽道宗曾亲自撰写《华严经随品赞》十卷。此外，密宗也在辽朝传播，五台山和南京都有研习密宗的高僧，并翻译密典多部，密宗的经咒也在契丹社会中流行。

巴林左旗出土辽壁画

僚会议、处理国家大事等。从这个意义上来说，捺钵是契丹辽王朝实际上的政治中心和朝廷。因此，随着疆域拓展（如渤海国及燕云十六州的并入）、民族成分增加、与中原政权及周边部族关系的变化、战争等等，辽帝的四时捺钵地点及时间也都要相应地发生变化。

辽廷诸帝把赤山选择为夏捺钵地，主要是因为赤山有着奇特的地理环境。赤山是大兴安岭山脉南段主峰之一，这里四季分明，春季溪流潺潺，鸟语花香；夏季雨水丰沛，草繁林茂；秋季天蓝气爽，层林尽染；冬季雪覆山巅，苍木擎天。更为奇

特的是，这里在炎热的夏季里掘地丈余即见坚冰，是理想的避暑胜地。特殊的地理环境和气候，造就了这里奇特的局部气候区域，成为众多野生动物的天然栖息场所，因此才被辽廷诸帝选为夏季避暑行猎的场所。

当然，辽帝们的夏捺钵地不仅仅就是赤山一座山峰，而是以赤山为中心向四周（主要是东西）延伸数十里或数百里的山脉，这其中就包括现在的巴林右旗、林西

辽代滑石母子狮

17

走
进
千
年
辽
上
京

辽代绿釉鸡冠壶

辽代铜符咒牌

县、阿鲁科尔沁旗、西乌珠穆沁旗、扎鲁特旗等境内诸山。

　　辽太平十一年（1031年）六月，辽圣宗耶律隆绪病逝于距离辽上京东北三百余里的大福河行宫，此大福河就是发源于扎鲁特旗流入阿鲁科尔沁旗境内的达拉尔河，辽代时称大福河或大斧河，与赤山在一个东西线上，直线距离也不远，这里便是辽圣宗及其他辽帝的夏捺钵地之一；辽大康元年（1075年），北宋著名科学家沈括出使辽朝，谈判两朝划界事宜，他先到辽帝夏、秋捺钵地之一的辽庆州永安山（今巴林右旗境内）辽帝行在，然后又到辽帝另一夏捺钵地——赤山

突厥系民族

我国北方及亚欧草原上，游牧民族如走马换将般勃兴勃衰。学者将活跃在这片广袤土地的民族按语言划分为若干系，其中一系就是操突厥语的诸民族，主要包括突厥、沙陀、黠戛斯等。突厥系民族曾经建立过强大的草原帝国，称雄欧亚。隋唐时期，突厥最为强大，屡屡与中原相抗。后分裂西迁，留在北方草原的突厥诸民族，一部分融入到后来兴起的契丹、蒙古人中；一部分以雇佣兵的身份涌入中原，起初参加中原王朝和地方割据势力的混战，后逐渐自主建立了王朝，如后唐、北汉的建立者，均为突厥系沙陀人。当今，操突厥语或带有突厥血统的人众主要分布在土耳其、哈萨克斯坦、阿塞拜疆、乌兹别克斯坦、土库曼斯坦、吉尔吉斯斯坦以及中国的新疆和青海。

（永安山、黑山、赤山属于同一条山脉上的三座山峰，且距离都不太远，在数百公里之内），并在赤山辽帝行宫（沈括在《使虏图抄》中称之为犊儿山麓单于庭）最终说服辽道宗放弃额外要求，为解决双方划界问题奠定了基础。

辽代赤山，今之乌兰达坝仍然是巴林左旗最好的避暑胜地，夏季山高树茂自生风，置身于高山林海之中，倍感凉爽惬意；仰望蓝天白云，聆听百鸟鸣唱，身侧潺潺流水，使人不禁感叹大自然的造化而不由自主地享受其中。

三、黑山

辽代黑山，今巴林左旗西北部与巴林右旗交界处的赛罕乌拉山脉，蒙古语为美丽富饶的圣山。此山是大兴安岭山脉南段主要山峰之一，主峰海拔1928.9米。有辽一代，黑山取代了乌桓人的赤山成为契丹人心目中的神圣之山，契丹人视

黑山如中原之岱宗——五岳之首泰山，视为契丹人灵魂的归宿。

关于辽代黑山之名，一说因为山体黑色而得名，一说与契丹文化有直接关系。

我国北方草原上曾先后崛起过匈奴、东胡、鲜卑、突厥、柔然、回鹘、契丹等诸多游牧民族，由于游牧民族生产生活的特殊性，大都有一个共同的习俗，就是"崇东尚左"，即崇拜太阳（东），以北（左）为大。其现实表现就是庐帐坐西朝东，职官分左（北）右（南），以左为大。匈奴单于之下设左右贤王，位居百官之首，而左贤王的地位和权力要高于右贤王；左右贤王

辽代伎乐人物石刻

辽代黑山祭祀址出土《崇善碑》拓片

之下又分别设置左右谷蠡王等；突厥汗国可汗之下设左右杀（设），位居百官之首，而左杀的地位和权力也要高于右杀；回鹘汗国官制基本承袭了突厥汗国官制，可汗之下也设左右杀为百官之首；契丹自然也不例外，也是一个"崇东尚左"的民族，特别是在职官设置上更加突出了尚北的习俗。

契丹部落联盟时代，可汗

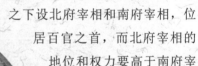

辽代乐器纹铜镜

之下设北府宰相和南府宰相，位居百官之首，而北府宰相的地位和权力要高于南府宰相。契丹建国后，政治制度的一个显著特点便是官分北南，即实行的是北面朝官和南面朝官双轨制，其中北面朝官的最高权力机构是北枢密院，最高行政长官是北院枢密使；南面朝官的最高权力机构是南枢密院，最高行政长官是南院枢密使。而北枢密院职官多由契丹

辽代铜龛佛

等游牧民族贵族担任，地位和权力要远远高于南枢密院。在北枢密院之下，又设置北宰相府和南宰相府及北大王院和南大王院等政权机构，而北府宰相和北院大王的地位和权力同样相应地高于南府宰相和南院大王。在辽帝四时捺钵时，皇帝行帐（横帐）坐西朝东安置好后，北面朝官的行帐驻扎在皇帝行帐的北面（左侧），南面朝官的行帐驻扎在皇帝行帐的南面（右侧），以示地位和权力的区别。

契丹族曾被突厥奴役数百年，自身文化深受突厥文化的影响。在突厥语中，"黑"是用于指方向的原初点即北方（北极星的方向）的，具有"首要的"、"主要的"等含义，往往被用于"伟大的"、"崇高的"修饰语。契丹人受突厥文化影响，形成了尚黑（北）的习俗，甚至称自己的民族为"哈刺（或喀喇）契丹"，"哈刺"（或喀喇）即"黑"的音译，"哈刺契丹"即

赛罕乌拉山顶水池（辽代黑山天池）

辽代铜镜

赛罕乌拉山（辽代黑山）顶蒙古族敖包

"黑契丹"。

黑山位于契丹人发祥地——潢河（即今西拉沐沦河）和土河（即今老哈河）及辽王朝首都上京（今巴林左旗林东镇）的北方，又是附近诸山中的最高山峰（比赤山还要高出几百米），因此得到契丹人的崇拜，称之为黑山。

也有人认为，契丹人拜祭黑山是受到了回鹘国教摩尼教的影响。摩尼教认为北方、西方、东方是永恒的光明乐园，是善良灵魂的最终归宿。契丹族受回鹘汗国统治近百年，其自身文化自然要受到回鹘文化的影响，加之本身就崇尚黑色（北），因而自然而然

地选择位于北方的黑山为"光明乐园"，视其如中原的泰山，以为诸神和祖先的住所及自己死后灵魂的归宿。

综合而言，黑山之名与山体颜色有关系，但契丹人拜祭黑山却是与其自身文化联系在一起的。换而言之，黑山并非纯粹山体黑色之义，而是因为其位于契丹人发祥地——潢河和土河及辽王朝首都上京北边、且山体高大峻拔而被契丹人称之为黑山——神圣之山。进一步来说，黑山的"黑"字，具有北方、首要、原初、伟大、崇高的含义，契丹人拜祭黑山，既是对神和祖先的一种尊崇，同时也是对死后灵魂归入光明乐

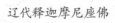

辽代释迦摩尼座佛

园（最高天国）的一种向往。

契丹建国后，辽廷把拜祭黑山定为国俗，每年冬至日，辽帝们都要杀白羊、白马、白雁，取其血和酒，亲自到黑山拜祭或望祭黑山；届时五京（辽有五京，即上京、东京、中京、南京、西京）官衙都要以纸人纸马万条拜祭黑山。不仅如此，辽王朝九帝中有五帝就葬在黑山附近，即辽怀陵葬有辽太宗、辽穆宗父子，辽庆陵葬有辽圣宗、辽兴宗、辽道宗祖孙三人。

辽代铜净瓶

黑山除山体奇秀、林草丰茂、野生动物繁多外，还有其奇特之处。一是黑山主峰山顶有一天池，夏季金莲盛开，在数十里之外便可闻到莲花的馨香；二是黑山一带在炎热的夏季里掘地丈余即有坚冰，是理想的避暑胜地。因此，黑山不仅是契丹人灵魂的归宿，而且还是辽帝们夏、秋捺钵场所。每年的夏季，辽帝来到黑山一带，用占卜的方法确定纳凉之所安下牙帐后，先赏黑山顶天池金莲，然后避暑游猎，召开北、南臣僚会议研究讨论和处理国家大事；秋季来临后，起牙帐离开纳凉之所进山射猎。

契丹人祭拜黑山的习俗影响深远，时至今日，每年的农历五月十三日，赛罕乌拉山脉（即辽代黑山）附近的巴林左旗、巴林右旗、阿鲁科尔沁旗、林西县、扎鲁特旗、东乌珠穆沁旗、西乌珠穆沁旗等地蒙古族群众，聚集在赛罕乌拉山

辽墓壁画——《侍卫图》

辽袭唐制

唐朝设立的松漠都督府，对契丹民族的政治、经济、文化产生了深远的影响，直接促进其快速封建化。唐末，耶律阿保机建立了契丹民族政权。这个新生的政权沿袭唐朝的政治制度将全国分为5道（亦称为5路），每道（路）有一个政治中心称府，建有京号，并以京号命道，合称五京道（或五京路）：上京道、东京道、中京道、南京道、西京道。道或路的下级单位、县的上级单位有府、州、军、城四类，县的同级单位有州、军、城。辽朝根据民族及其生产方式的不同，实行南北分治的政治制度，其中南面官系统基本照搬了唐朝的官僚体系，甚至品阶、服装。

第一章 山脉

辽墓壁画《侍宴图》（现存巴林右旗博物馆）

顶举行隆重的祭敖包仪式，祭拜赛罕乌拉神。当然，时隔千年，祭拜的虽然是同一座山峰，但内容却赋予了时代特点，人们通过祭拜赛罕乌拉，祈求风调雨顺、畜牧兴旺，祝愿国家昌盛、社会和谐、百姓生活幸福安康。

四、木叶山

契丹人敬山、祭山，而木叶山在契丹人心目中位居第一，这主要是因为木叶山与契丹族源传说有关系。

关于契丹族源，《辽史·地理志》永州条有这样的记载："永州……相传有神人乘白马自马盂山浮土河（今赤峰市境内老哈河）而东，有天女驾青牛车由平地松林（今赤峰市克什克腾旗境内潢水源）泛潢河而下。至木叶山，二水合流，相遇为配偶，生八子。其后族属渐盛，分为八部。每行军及春秋时祭，必用白马青牛，示不忘本云。"《契丹国志》也有相应的记载："契丹之始也，

中国简典所不载。远夷草昧，复无书可考，其年代不可得而详也。本其风物，地有二水。曰北乜里没里，复名陶猥思没里者，是其一也，其源出自中京西马盂山，东北流，华言所谓土河也。曰袅罗箇没里，复名女古没里者，又其一也，源出饶州（今林西县境内）西南平地松林，直东流，华言所谓潢河是也。至木叶山，合流为一。古昔相传，有男子乘白马浮土河而下，复有一妇人乘小车驾灰色之牛，浮潢河而下，遇于木叶之山，顾合流之水，与为夫妇，此其始祖也。是生八子，各居分地，号八部落……立遗像始祖及八子于木叶山，后人祭之，必刑白马杀灰牛，用其始来之物也。"

《辽史·礼志》比较完整地记录了契丹人诸多礼仪，而祭祀木叶山仪居诸仪之首；《辽史·本纪》中更是多次提到辽帝祭祀或望祭木叶山。

通过以上史料不难看出，木叶山因是契丹族源地，在契丹人心目中占有重要的地位，且有严格而隆重的祭祀木叶山礼仪。但是，如此重要的木叶山却给世人留下了诸多的疑团，原因也很简单，因为潢河与土河合流处根本就没有大山。

辽代哈拉海场备饮图

大布拉格山脉主峰（辽祖州木叶山主峰）

流处没有大山，由此认为木叶山有可能是"两河"合流处的一座沙丘。

二是翁牛特旗境内海金山说。海金山被认为是辽代木叶山的原因很简单，那就是海金山是距离"两河"合流处和永州城遗址最近的山脉，且位于西拉沐沦河（辽

目前，学界关于木叶山地望主要有以下几种观点：

一是"两河"合流处说。主要依据是《辽史》关于木叶山的记载，主张在西拉沐沦河与老哈河合流处寻找木叶山，由于"两河"合

辽代瓷枕（现存赤峰市博物馆）

天下兵马大元帅

《辽史》中记载，有辽一代被封为天下兵马大元帅的共有七人。他们在接受这一封号时，都不是实际统领天下兵马的最高军事统帅，但都是与皇位传承有着密切关系。其实辽太祖创建的封授天下兵马大元帅的制度，并不是任命最高军事统帅，而是在立太子。天下兵马大元帅这一封号源于唐玄宗对其子唐肃宗的封授。辽太祖借用来作为皇帝继承人的封号，符合军事首长代立的契丹传统。我国历史上北方民族，当他们统治汉地，建立国家时，往往采用汉族的官职封号，但这些称号常常与原意不尽相同，赋予了自己民族的特有内容。

辽代蟠龙烛台

辽代飞天石雕像

代潢河）南岸边，最符合《辽史》和《契丹国志》等史料关于契丹族源及木叶山的记载。

三是阿鲁科尔沁旗境内天山说。此说的史料依据是《辽史·本纪》中曾出现过辽帝东幸祀木叶山的记录，且从行程和时间上来判断，木叶山应在辽上京东面，距离不是太远。此说的地理依据是说辽代的潢河和土河时为黑龙江水系，后来改道成为西辽河水系，且推断现今发源于巴林左旗境内的乌力吉沐沦河便是辽代的潢河。

辽代佛像

四是阿鲁科尔沁旗境内朝格图山说。此说的依据是在朝格图山下发现了辽皇族耶律羽之家族墓，出土的墓志记载朝格图山上有"王树"，认为此"王树"就是《辽史》祭祀木叶山仪式中的"君树"，由此推断朝格图山就是木叶山。

五是巴林左旗境内辽祖陵所在大山说。此说依据是宋人所著书籍，如《契丹国志》、《资治通鉴》、《旧五代史》、《新五代史》等都记载阿保机死后葬于木叶山。有辽史研究者据此推断辽祖陵黑龙门所对今漫歧嘎山即辽代木叶山。

六是敖汉旗境内努

鲁尔虎山说。此说以契丹始祖"阴山七骑"传说为依据，认为木叶山即"阴山"，进而推断今敖汉旗境内努鲁尔虎山即为木叶山。

由于西拉沐沦河与老哈河合流处没有大山，以上诸说又都没有定论，因此有辽史研究者甚至认为辽代根本就没有木叶山，认为"木叶"一词是"两河口"的意思，而"山"则是"天"的音讹，"木叶山"实际上是"木叶天"，

辽代花押印

"祭木叶山"就是"两河口祭天"；还有辽史研究者认为"木叶"是"大"的意思，"木叶山"实际上就是"大山"的意思，祭祀木叶山就是祭祀大山，由此认为辽代有多座木叶山。

以上诸观点应该说都有一定的道理，是对木叶山地望的有益探索。笔者认为，根据《辽史》、《契丹国志》、《资治通鉴》、《旧五代史》、《新五代史》等有关史料的记载，辽代木叶山不仅实有其山，而且有两座木叶山，一座是永州木叶山，一座是祖州木叶山。

关于永州木叶山，《辽史》有明确记载，《辽史·营卫志中》载"今永州木叶山有契丹始祖庙，奇首可汗、可敦并八子像在焉"。《辽史·地理志》永州条载"永州，永昌军，观察。承天皇太后（萧燕燕）所建，太祖于此置南楼。乾亨三年，置州于皇子韩八墓侧。东（北）潢河，南土河，二水合流，故号永州。冬月牙帐多驻此，谓之冬捺钵。有木叶山，上建契丹始祖庙，奇首可汗在南庙，可敦在北庙，绘塑二圣并八子神像。相传有神人乘白马自马盂山浮土河（今赤峰市境内老哈河）而东，有天女驾青牛车由平地松林（今赤峰市克什克腾旗境内潢水源）泛潢河而下。至木叶山，二水合流，相遇为配偶，生八子。其后族属渐盛，分为八部。每行军及春秋时祭，必用白马青牛，示不忘本云"。

由此可知，永州木叶山实有其山，只是由于西拉沐沦河（辽代潢河）与老哈河（辽代土河）合流处及永州城遗址（位于西拉沐沦河与老哈河合流处，赤峰市翁牛特旗境内白音他拉古城）附近没有山，因此造成了后人对辽代木叶山的种种猜测，甚至认为辽代根本就没有木叶山。其实，

辽摩羯纹錾鎏银盘（赤峰喀喇沁旗出土）

第一章 山脉

走进千年辽上京

漫歧嘎山（辽祖州木叶山峰之一）

济南就建在泰山脚下、安徽省省城合肥就建在黄山脚下。因此后人们在西拉沐沦河（辽代潢河）与老哈河（辽代土河）合流处寻找木叶山，无异于缘木求鱼。

既然永州木叶山实有其山，那它又是哪座山呢？根据《辽史》有关木叶山、潢河、土河三者地理关系及《契丹风俗》所记辽中京至木叶山的行程来看，永州木叶山位于潢河与土河的夹角地带及辽上京通往辽东京（今辽宁辽阳）和辽中京（今内蒙宁城）的路线上。综合以上条件，笔者赞同今翁牛特旗境内海金山为辽代永州木叶山的观点。首先，从海金山的地理位置来看，海金山北距西拉沐沦河（辽代潢河）2.5公里，东距永州城遗址80公里，距西拉沐沦河与老哈

出现这样的问题，主要原因是对《辽史·地理志》永州条资料理解有误所致。对于永州条有关潢河、土河、木叶山、契丹族源传说资料应该理解为：永州位于潢河与土河合流处，辖境内有木叶山，由于契丹族源传说与这"两河一山"有关系，因此在永州条中附带叙述了契丹族源传说。这里有两个关键点值得注意：一是永州条中"白马青牛"传说，只是一个契丹人口耳"相传"的契丹族源传说，由于这个传说与永州辖境内的潢河、土河、木叶山有关系，因此将这个传说附录于永州条中。很显然，传说并不能说明"两河"合流处有木叶山，永州城建在木叶山下；二是"永州……有木叶山"，是说木叶山在永州境内，亦即永州境内有木叶山，但永州城不一定就建在木叶山下。如同我们说"山东省有泰山"、"安徽省有黄山"一样，是说泰山在山东省境内，黄山在安徽省境内，并非山东省省城

巴林左旗辽墓出土壁画——《备餐图》

辽代马镫（现存赤峰市博物馆）

辽代白釉刻花盘

辽代瓷玩具

等有关资料记载，永州木叶山上不仅建有奇首可汗庙（南庙）、可敦庙（北庙）、八子神像，而且还建有七祖殿（即辽太祖、太宗、世宗、穆宗、景宗、圣宗、兴宗七祖殿）、木叶山神、金神、太后、赤娘子、七祖眷属及兴王寺（内有白衣观音像）等庙宇。如此众多的祭祀庙宇自然需要占用大面积土地，海金山三山相簇，正好为建筑众多的祭祀庙宇提供了地皮，且现今山上有古代建筑遗址和盗

河合流处115公里，且处于上京通往中京和东京的路线上，符合《辽史》关于木叶山位置的记载；北宋天禧四年（1020年）时任北宋知制诰的宋绶出使契丹，曾著有《契丹风俗》，记录了他从辽中京到木叶山的行程及所见所闻，文中有"绶等始至木叶山"、"七十里至木叶馆"、"复渡土河，至木叶山"等记录，从宋绶所记行程来看，他所到达的木叶山是永州木叶山，正是今海金山的位置。其次，北宋苏辙使辽时曾到过木叶山，作有《木叶山》诗，其中有"兹山亦沙阜，短短见丛薄。冰霜叶堕尽，鸟兽纷无托"等诗句。从海金山的地理现状来看，海金山是独立且相互簇拥着的三座山峰的总称，其中位于西北面的罕山最高海拔668.8米，位于东南面的海金山（亦称哈拉金山）山体最大海拔652.5米，与海金山相对偏西的锅撑子山海拔575米，三座山脉都算不上高大山脉，且海金山（哈拉金山）表面覆盖沙碛，绝少树木，正好符合苏辙诗中"木叶山"特征。第三，根据《辽史》及宋人王易《燕北录》

掘痕迹，山下有被盗辽墓。由此笔者大胆推测，奇首可汗庙宇有可能建在位于东南面的海金山上，可敦庙宇有可能建在位于西北面的罕山上，因此《辽史》中才有了"南庙"（奇首可汗庙）、"北庙"（可敦庙）之称，而七祖殿等庙宇有可能建筑在位于西南面的锅撑子山上。

辽代白釉长颈瓶

辽代银面具

关于祖州木叶山，《辽史》虽然没有明确记载，但《契丹国志》、《资治通鉴》、《新五代史》、《旧五代史》等史籍都明确记载辽太祖阿保机死后葬于木叶山，包括北宋出使辽朝的一些使臣所撰写的资料中也提到辽太祖阿保机葬于木叶山。这些史料虽然多出自宋人之手，且有可能都来自于同一个信息源，但关于阿保机葬于木叶山的信息想来也并非凭空杜撰，肯定是有依据的。据《册府元龟》（成书于1013年）卷980载，后唐天成元年（926年）九月，幽州赵德钧上奏说，他派遣出使契丹的军将陈继威回来称：其在扶余府遇上阿保机病逝，遂跟随阿保机灵柩一起西返，到达龙州时，"继威见契丹部族，商量来年正月葬阿保机于木叶山下。"赵德钧当时任职后唐幽州节度使，所上奏折以"实录"存于后唐史馆。《旧五代史》是北宋官修史书，基础史料是五代时期各朝的"实录"，成书于北宋开宝七年（974年），距离五代结束只有十几年时间，五代时期各朝"实录"基本没有散失，其所

载"辽太祖葬于木叶山"的资料，应当就是出自后唐"实录"中赵德钧奏折。成书较晚的《新五代史》（成书于1053年）、《资治通鉴》（成书于1065年）、《契丹国志》（成书于1247年）等史籍关于"辽太祖葬于木叶山"的记载，当是出自《旧五代史》或《册府元龟》。宋绶所著《契丹风俗》中记有"木叶山，本阿保机葬处，又云祭天之地"等记载，从其行程和记载来看，宋绶所到的木叶山为永州木叶山，而"木叶山本阿保机葬处"显然也是受到了《旧五代史》或《册府元龟》的影响。也就是说，宋人所著史籍中关于"辽太祖葬于木叶山"的资料，有可能均出于同一信息源——后唐"实录"中赵德钧奏折。尽管如此，赵德钧奏折中关于"阿保机葬于木叶山下"的信息，是陈继威亲耳所闻，应当是真实可信的。也就是说，辽代祖州木叶山也是实有其山的，这座木叶山就是今巴林左旗境内辽祖州、祖陵所在之山脉——大、小布拉格山。

那么，如何来理解辽代有两座

辽驾鹰木俑（现存赤峰市博物馆）

辽出行图壁画

木叶山呢？关于这一问题，我们可以从"木叶山"含义上得到一些启示。

关于"木叶山"中"木叶"两字的含义，有辽史研究者认为"木叶"是契丹语的音译，即契丹小字大小之"大"的译音，"木叶山"即"大山"或"高大山脉"；还有辽史研究者认为"木叶"是汉语，"木叶山"即"形状如树叶之山"。笔者倾向于前者，即"木叶"是契丹小字大小之"大"的译音，但不同意把"木叶山"解释为"大山"或"高大山脉"。"大"字释义众多，在古今汉语中从"大"的字往往与人类或人事有关，如"大人"在古今汉语中都用于对长者、老者、长辈的敬称，在古代还用于下属对上司的习惯称呼和北方少数民族首领的称谓，如匈奴部落首领和契丹大贺氏部落联盟首领都称"大人"。从"大"字的这个含义上来讲，"木叶"作为契丹小字大小之"大"的译音，还应具有"长辈、老者、长者"即"祖辈"（古代称父系长辈为祖）的含义。也就是说，"木叶山"应当

是"祖山"之义，由此辽代有两座木叶山就不难理解了，一座是契丹族的祖山——永州木叶山，一座是建立契丹辽王朝的耶律氏皇族的祖山——祖州木叶山。

顾名思义，"祖山"即祖宗出生、生活、事业勃兴之山。关于契丹族始祖，《辽史》有这样的记载"契丹之先，曰奇首可汗，生八子。其后族属渐盛，分为八部，居松漠之间。今永州木叶山有契丹始祖庙，奇首可汗、可敦并八子像在焉。潢河之西（南），土河之北（西），奇首可汗故壤也"。由此可知，契丹族始祖奇首可汗生活在今西拉沐沦河（辽代潢河）与老哈河（辽代土河）合流地域，主要活动区域为"两河"夹角地带即《辽史》中所谓的"潢河之西（南），土河之北（西），奇首可汗故壤"，这里也是契丹族的发祥地。契丹族为鲜卑族后裔，有以山祭祖习俗，今海金山是距离"两河"合流处较近且位于潢河南岸的"两河"夹角地带，是契丹始祖奇首可汗生活地域内的重要山脉，从而被契丹人尊

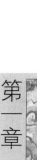

第一章 山脉

辽代彩绘木棺

为"祖山"，称之为"木叶山"（辽代时永州木叶山在民间也被称做"帝山"）加以时祭，至契丹遥辇氏汗国胡剌可汗时期制定了规范而隆重的祭祀"祖山"即"木叶山"仪式，为后世契丹可汗传承下来。

辽祖州、祖陵所在的大、小布拉格山是辽太祖阿保机家族的祖籍地和肇兴地，阿保机四世先祖及本人都出生在这里，并且以这里为大本营，最终取遥辇氏而代之，攫取契丹汗权并进而建立契丹辽王朝，因此这里的山脉被耶律氏皇族视为"祖山"，亦称之为"木叶山"。《辽史·地理志》祖州条载"祖州……太祖秋猎多于此，始置西楼……有祖山，山有太祖天皇帝庙，御靴尚存……太祖陵凿山为殿，曰明殿"。这条史料里的"祖山"，就是辽祖州木叶山，即今巴林左旗境内辽祖州、祖陵所在之山——大小布拉格山。

关于辽祖州木叶山不载于《辽史》的原因，笔者以为可能有如下几点：一是与"两木叶山"在契丹人心目中的地位有关系。永州木叶山是契丹族的"祖山"，是统治集团称谓，存在于所有契丹人的行为之中；祖州木叶山是辽王朝耶律氏皇族的"祖山"，是皇族称谓，只存在于耶律氏皇族的日常生活行为中，并非所有契丹人都称此

山为木叶山，因此《辽史》中只记载了永州木叶山，而没有记载祖州木叶山。二是与"两木叶山"的祭祀形式和内容有关系。从《辽史》的记载来看，木叶山是契丹人祭祀祖先之场所，与辽帝祭祀活动同时出现。永州木叶山是契丹人祭祀始祖及天神地祇之场所，辽帝祭祀永州木叶山活动是国家行为，有严格的祭山仪式，是一种公开性的祭祀活动，届时辽帝后及部落首领、辽廷大员都要参加；祖州木叶山是辽帝祭祀家族祖先之场所，辽帝祭祀祖州木叶山是个人行为，是一种封闭性的家族祭祀活动，只有辽帝等极少数人参加，一般人（包括诸部落首领及辽廷大员）不得参加，因此《辽史》中只记载了辽帝祭祀永州木叶山活动，而没有记载辽帝祭祀祖州木叶山的活动。三是与辽太祖葬于祖州木叶山有关。由于辽太祖葬于祖州木叶山，因此辽帝祭祀祖州木叶山活动为直接祭祀太祖陵，而非祭祀祖州木叶山，所以《辽史》中有辽帝祭

辽代黄釉长颈盘口瓶、黄釉执壶

祀太祖陵的记载，而没有祭祀祖州木叶山的记载。

综上所述，辽代有两座木叶山，一座是永州木叶山，一座是祖州木叶山。永州木叶山是所有契丹人对始祖奇首可汗曾经生活过的山脉的尊称，是契丹族的祖山，历史久远，自契丹大贺氏部落联盟时起便是历任契丹可汗和诸部落首领祭祀始祖和天神地祇的场所，上建有奇首可汗、可敦庙宇，至契丹遥辇氏胡剌可汗时制定了严格而隆重的祭祀木叶山仪式，契丹建国后，辽帝们又在此山上修建了辽太祖等辞世辽帝及木叶山神、潢河神等庙宇，与始祖奇首可汗等一并加以时祭；祖州木叶山是契丹辽王朝耶律氏皇族对祖先出生、生活、发迹之山的尊称，是耶律氏皇族的祖山，是辽帝及耶律氏贵族祭祀耶律氏家族祖先的场所，由于辽太祖葬于此山，因此祖州木叶山不一定有祭山仪式，辽帝祭祖活动为直接祭祀太祖陵。《辽史》本纪中所载辽帝祭祀或望祭的木叶山，主要是永州木叶山，祭祀祖州木叶山则表现为直接祭祀太祖陵和太祖庙。

《辽史·礼志》中所记载的祭山仪式，是指祭祀永州木叶山仪式，

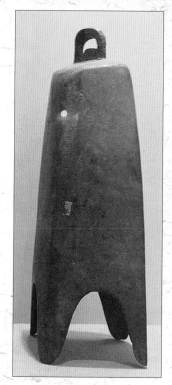

鎏金铜铎（克什克腾旗出土）

辽代白釉盘口穿带壶

让我们来欣赏一下千年前辽帝祭祀永州木叶山的场面。

（1）准备。在木叶山前东向设天神、地祇灵位，前中立君树（象征奇首可汗），再植群树两行，每行4棵（象征八部），以象征朝班，前再植两树以为神门。

（2）刑牲。皇帝皇后及有关祭祀人员到预定地点，时辰到，司仪（夷离毕）主持刑红、白两色雄性马、羊及黑色雄性牛，肢解牲体悬挂于君树上，巫师以酒祭奠牲畜肢体（往牲畜肢体上撒酒）。

（3）入场。皇帝皇后穿戴规定服装骑马前行，群臣在南，命妇在北，分列两队随后，各部落举本部旗帜依次而行；皇帝皇后来到君树前下马，就座于南侧御榻上，群臣命妇分班而列，行觐见礼就位。

（4）主祭。音乐声起，（第一次祭拜开始）

纠军

辽代将其核心领地周边，主要是北部其他民族部落的武装力量组织成特殊的军队，守戍边堡，称纠军，设有遥辇纠详稳司，所属有遥辇纠详稳、遥辇纠都监、遥辇纠将军、遥辇纠小将军等官。《辽史·百官志》又载有十二行纠军、各宫分纠军、遥辇纠军、各部族纠军、群牧二纠军等。金袭辽制，也在蒙古等北边部族处设置纠军。成吉思汗年轻时，因在金朝对塔塔尔人的战争中立有军功，获封"札兀惕忽里"，实质上就是纠军统领。金末，纠军归降蒙古，成吉思汗派麾下市华黎和博尔术分别统领。元代仍有纠军存在，负责乡间治安，职责与辽金时期的纠军相比发生了变化。

辽代铜规矩镜

皇帝皇后来到天神、地祇灵位前领神诣拜祭，司仪（合门使）宣读祝福词，皇帝皇后拜祭完回位就座；北府宰相率群臣、命妇拜祭君树和群树礼毕退下。（第二次祭拜开始）皇帝皇后率孟父房、仲父房、季父房等三父房皇族围绕神门树走三圈，其他族人走七圈；皇帝皇后复拜天神、

辽长颈铜壶

地祇灵位并上香再拜回座。稍候警钟鸣响一声，（第三次祭拜开始）巫师引导皇帝皇后祭拜东方，巫师三致辞，每致一辞，皇帝皇后一拜，群臣及命妇分列两班依次拜祭。（第四次祭拜开始）皇帝皇后各举酒二爵（古代酒器）、肉二器再致奠天神、地祇灵位，群臣命妇右手持酒、左手持肉分两列立于后而奠，惕隐（司仪）将酒肉掷向东方；皇帝皇后再六拜回座，群臣、命妇皆六拜回位。（第五次祭拜开始）司仪（中丞）向天神、地祇灵位进茶果、饼饵致奠；侍从（郎君）20人向皇帝皇后进献福酒、胙肉（祭祀用的肉）；巫师以酒祭奠胙肉；皇帝皇后再拜，群臣命妇再拜；皇帝皇后再一拜，象征性饮酒食肉回座，群臣命妇依次而行回位。

（5）结束。皇帝皇后再次来到天神、地祇前，群臣、命妇分列于后，君臣再拜，音乐声停，君臣再一拜退场，祭祀仪式结束。

第二章

河流

河　流

水是生命的源泉，河是人类文明的发源地。回顾人类历史，人类文明莫不与河流相伴而生。底格里斯河、幼发拉底河孕育了古巴比伦人的文明；尼罗河酝酿了古埃及人的文明；印度河诞生了古印度人的文明；黄河则是中华民族的摇篮。而西拉沐沦河与老哈河无疑是契丹人的母亲河，是契丹文明的发源地。不过，契丹是游牧民族，四时游牧，逐水草而居，河流在契丹人生活生产中不可或缺，契丹人的游牧地域内有无数的河流湖泊。《辽史·地理志》记载上京临潢府所辖境内就有十几条重要河流，其中位于辽上京的狼河和沙河就是辽代两条著名的河流。

一、狼河

辽代狼河，今之巴林左旗境内乌力吉沐沦河，辽代称狼河，元代称火儿赤纳河（汉译为灰狼河、狼河），清代称乌尔图绰农河（汉译为灰狼河、长狼河），清末因河水泛滥改名为乌力吉沐沦河，汉译为吉祥的河。

乌力吉沐沦河有东（今巴林左旗境内浩尔吐

辽代"大安元宝"铜币

辽灰陶鹿纹长颈瓶（巴林右旗出土）

乌力吉沐沦河（辽代狼河）

ZOU JIN QIAN NIAN LIAO SHANG JING

辽代白釉壶

最早发现于1921年，1935年考古学家对内蒙古赤峰红山遗址进行了发掘，1954年提出了红山文化的命名，是距今五、六千年的农业文化。红山文化以辽河流域中辽河支流西拉沐沦河、老哈河、大凌河为中心，分布面积达20万平方公里，延续时间达两千年之久。红山文化是与中原仰韶文化同时期分布在西辽河流域的发达文明，在发展中同中原仰韶文化相交汇产生的多元文化，是富有生机和创造力的优秀文化，内涵十分丰富，手工业达到了很高的阶段。红山文化全面反映了中国北方地区新石器时代文化特征和内涵。

河）、西（今巴林左旗境内乌兰达坝河）两条主源，均发源于巴林左旗境北乌兰达坝山脉（即辽代赤山），由西北向东南流经巴林左旗全境（在巴林左旗境内全长124公里），自古就是巴林左旗境内最大的河流，孕育了巴林左旗最早的人类文

辽代三足平底铁锅

明——"红山文化"和"富河文化"。"富河文化"以位于乌力吉沐沦河上游西源乌兰达坝河东岸的富河沟门村而命名，距今5300多年。考古显示当时的人们已经有了定居村落、原始农业和渔猎经济，是西拉沐沦河以北稍晚于红山文化且独具风格的新石器时代文化（有些研究资料认为富河文化要早于红山文化，本文以《巴林左旗志》为准）。

"红山文化"和"富河文化"说明早在新石器时代，"红山氏"和"富河氏"等古代先民便以乌力吉沐沦河为母亲河，繁衍生息在巴林左旗这片大地上，并创造了中国北方最早的人类文明。从这个意义上来说，乌力吉沐沦河是中华民族发源地之一。

"富河文化"之后，生活在乌力吉沐沦河流域的民族主要是东胡、乌桓、鲜卑和契丹。在这数千年的历史演变过程中，民族兴盛衰亡是不可避免的，有些民族甚至连名字都没有留下便被历史的潮流所湮没，只有乌力吉沐沦河水自流不息，默默地滋润着巴林左旗这片土地，无语地孕育着这片土地上的万物生灵。在这个漫长的历史进程里，乌力吉沐沦河或几易其名，至契丹人时称之为狼河。

狼河有可能是因为乌力吉沐沦河流域狼多而得名。狼是草原上最优秀的猎手，有狼出没的地域，肯定是有其可以猎取的猎物，

辽灰陶瓮（巴林右旗出土）

狼多的地方肯定是动物繁多。乌力吉沐沦河被契丹人称之为狼河，反映了这样一个环境变迁的信息："富河文化"时代乌力吉沐沦河流域是山地森林草原地貌，林木茂密，河流众多，当时的人们主要以渔猎为主，兼营少量的农业；到了契丹人生活在这里时，森林退化，河流减少，乌力吉沐沦河流域退化为山地次生林草原地貌，契丹人主要以射

辽代黄釉吐盂

第二章 河流

39

织（纺织）……太祖（阿保机）受可汗之禅，遂建国"。由此可知，契丹腹地大量出现汉人和农耕、冶铁、纺织等产业主要开始于阿保机祖、父辈担任迭剌部夷离堇执掌契丹八部兵马大权时代，时值大唐王朝衰落，中原出现藩镇割据局面，从而给契丹等游牧民族南下提供了契机。时任迭剌部酋长及契丹八部兵马最高统帅的匀德实父子们，率领契丹八部兵马不断南下进入幽蓟地区抢掠，将俘获的汉人迁徙到迭剌部领地——潢河以北地区居住，其核心地域便是匀德实家支领地——狼河流域，从而使狼河流域涌入了大量的汉人，而汉人不习惯游牧生活，靠农耕产业生活，从而又使狼河流域出现了农耕产业。到了阿

辽壁画梳妆侍奉图

猎和游牧为主，而野生动物和家养畜类的增多，必然繁衍出众多的食肉动物，这其中又以狼（灰狼）为多数。由于乌力吉沐沦河

辽代"天庆元年"骨灰匣盖

保机担任迭剌部夷离堇、契丹可汗进而开国称帝后，开始大规模南下抢掠，契丹腹地汉族人口骤增。为了安置这些汉人，也为了使这些汉人能够

岸边经常有狼群出没，从而被契丹人直观地称为狼河。

狼河是契丹腹地一条重要河流，不仅是辽王朝耶律氏皇族（阿保机家族）的发祥地、肇兴地，而且还是契丹腹地出现汉人及农耕产业最早的地区。

《辽史》记载"匀德实（阿保机祖父）始教民稼穑，善畜牧……撒剌的（阿保机之父）仁民爱物，始置铁冶，教民鼓铸……述澜（阿保机伯父）……始兴板筑，置城邑，教民种桑麻，习组

辽酱红釉罐（敖汉旗出土）

40

头下军州

契丹宗室、外戚、大臣和所属部族首领中立有战功的人，以其所得或所俘获的人口设置的州，是一种军事行政的联合组织。头下军州的官吏，除节度使外，由各州贵族委派。头下军州在政治、经济、军事等方面，都有既依附于领主，又隶属于朝廷的二重性。刺史由领主提名报请朝廷任命，他们是领主的私人部曲，但是节度使必须由朝廷选派。头下军州的属户，多数是称为部曲的依附农民和依附牧民，少数是奴隶。头下部曲既纳课于领主，又输租于朝廷，所以他们又号称二税户。头下军州征收的商税，一般为领主所有，但是酒税最迟从辽圣宗耶律隆绪时起必须输纳给上京盐铁司。

在契丹腹地安心地生活下来，阿保机采纳韩延徽等汉族知识分子的建议，在契丹腹地建筑汉城、发展农业产业，而狼河流域便是当时汉人居住比较集中的地区。

《辽史》记载，辽上京临潢府直辖十县，其中的临潢县、长泰县、定霸县、保和县、潞县、宣化县等六县百姓就是辽太祖阿保机或南下抢掠俘虏汉人或东征渤海国迁徙渤海人至狼河流域定

辽代金碗

辽黄釉钵（赤峰市博物馆藏）

居，或当时（如临潢县、潞县）或由辽圣宗耶律隆绪朝（其他四县）所建。这十县县衙都在辽上京皇城和汉城内，十县百姓自然也都居住在上京四周的狼河流域，主要从事农业生产。

辽王朝首都上京城，就坐落在狼河与沙河交汇处的冲击台地上，上京是辽王朝的政治、经济、文化中心，也是契丹腹地汉人聚居的中心地区，同时也是契丹腹地农耕产业最发达地区，而狼河无疑为辽上京地区汉人生存和农耕产业发展提供了条件。从某种意义上来说，正是汉人和农耕产业的发展，使以契丹为主体民族的辽王朝得以立国二百余年。由此可见，狼河对于辽王朝的

辽代"大康通宝"铜币

珍惜和爱护我们的母亲河吧！因为，她是万物生机之源泉，是我们祖孙万代赖以生存之源泉。

二、沙河

辽代沙河，今之巴林左旗境内沙里河，亦称白音高洛河，汉译为富河；辽代称沙河、沙水，因河水中含沙而得名。沙里河主源发源于巴林左旗西南境、辽祖州祖陵东南的山谷中（今巴林左旗查干哈达苏木境内），西南向东北流，于蜘蛛山（位于辽上京城东南约4公里）汇入乌力吉沐沦河，全长约50公里，属于巴林左旗境内乌力吉沐沦河一级支流。

沙河是辽代时辽上京城附近一条非常重要的河流，说其重要，主要因沿河地势。

巴林左旗地势总体上是由西北向东南逐渐坡降，因此境内河流以西北向东南流的乌力吉沐沦河（辽代狼河）为主干河流，其他河流或自北向南，或西北向东南，或从西向东，或东北向西南流而汇入乌力吉沐沦河，唯独沙里河从西南向东

辽鹿纹陶罐（敖汉旗出土）

重要性，绝非其他河流所能比。

辽之狼河，今之乌力吉沐沦河仍然是巴林左旗的母亲河，她那潺潺流水，如甘甜的乳汁哺育着巴林左旗这片大地上的万物生灵。

沙里河（辽代沙河）

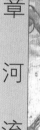

北逆流而汇入乌力吉沐沦河，同时此河从祖山（今大、小布拉格山）前面流过，是祖山附近最大的河流，从而被辽代时的契丹人视为特殊河流。

阿保机祖父辈们选中大、小布拉格山（即辽代祖山）为家族驻牧地，除其独特的山势之外，另一个原因就是看中了沙河这条特殊的水势。契丹人信奉萨满教，崇拜自然物和自然力，如同中原人一样，也很讲究堪舆学，根据依山傍水原则来选择庐帐安置地点。阿保机及其四世先人的出生地——辽祖州城（即阿保机家族驻牧地庐帐的安置地点），背靠祖山面对沙河，就是取"背山面水"之势。《辽史》所载契丹腹地出现的最早城市——阿保机三伯父耶律释鲁的于越王城（见后文）也建筑

辽绿釉瓷俑

在沙河岸边（今巴林左旗查干哈达苏木境内）。

阿保机选择沙河与狼河合流处建筑皇都城，主要就是借这二水和周边的山势，而沙河是其中的主要因素。因沙河自西南向东北逆流汇入狼河，受地势影响不断改道，从而在两河夹角地带形成了一个开阔的冲击台地，不仅适于搞大规模的皇都城建筑，而且沙河自皇都城的西面和南面绕流而入狼河，形成了天然的护城河，对整座皇都城起到了保护作用。

关于沙河还有一个值得探讨的问题，那就是沙河在辽代是否亦称潢水。之所以提出这个问题，主要是因为上京临潢府中的"潢"字，肯定是与"潢水"有关系。根据《辽史》及有关史籍记载，今西拉沐沦河在辽代时称潢水、潢河，因此一般认为临

《契丹国志》

关于辽王朝和契丹民族的重要史书，共计27卷。题为南宋叶隆礼撰，但目录学家于嘉锡认为本书应是宋元间佚名者钞掇而成。第一卷至十二卷记录辽皇之事；第十三卷是《后妃传》；第十四卷是《诸王传》；第十五卷是《外戚传》；第十六卷至十九卷为《列传》；第二十卷为《晋表》、《澶渊誓书》、《关南誓书》、《议割地界书》；第二十一卷为《南北朝馈献礼物》、《外国贡进礼物》；第二十二卷讲述地理；第二十三卷讲述制度；第二十四、二十五卷节录了宋人使北见闻；第二十六卷记述周边北方各国；第二十七卷为《岁时杂记》记录契丹的礼仪风俗。该书史料价值极高，收录了许多今已失传的珍贵史料。

辽铜铃（翁牛特旗出土）

赤峰市巴林左旗出土辽墓壁画

潢府一名中的"潢"字，是指这条潢水即今西拉沐沦河。不过，也有辽史研究者认为，西拉沐沦河距上京临潢府直线距离近百公里，把两者联系在一起很勉强，进而提出今沙里河（即辽代沙河）在辽代时亦称潢水，临潢府是因濒临此"潢水"即今沙里河而取名。

关于辽代河流名称，应该以《辽史》记载为准。《辽史·地理志》祖州条记载其附近水系为"水则南沙河、西液泉"，这里的"南"和"西"应为方位词，是说祖州城附近只有两条河流，一条在南面叫沙河（非河流名称叫南沙河），一条在西面叫液泉河（非河流名称叫西液泉，见液泉河节）。从现今地理状况来看，祖州城遗址南面只有今沙里河一条河流，此河是辽代沙河无疑。《辽史·地理志》上京临潢府条记载其附近水系为"涞流河自西北南流，绕京三面，东入于曲江，其北东流为按出河。又有御河、沙河、黑河、潢河、鸭子河、他鲁河、狼

辽壁画《烹饪宴饮图》
（敖汉旗出土）

河、苍耳河、辋子河、胪朐河、阴凉河……"。根据有关专家考证，这是一则杂凑而成的材料，如错把金上京附近水系（如涞流河、曲江、按出河）等罗置于辽上京附近水系中，不过沙河、黑河、潢河、狼河确是辽上京临潢府附近四条重要河流无疑。其中，黑河为今巴林右旗境内查干沐沦河，狼河为今巴林左旗境内乌力吉沐沦河，潢河（亦称潢水）为今西拉沐沦河，沙河就是流经祖州南面又绕流辽上京城西、南两面的今沙里河。根据谭其骧先生主编的《辽史地理志汇释》，沙河在《辽史》中共12见，其中7处不在辽境内，5处在辽地，分别是南京（今北京）境内1见，东京（今辽宁辽阳）境内2见，上京境内2见。上京境内2见之沙河即《辽史·地理志》祖州和临潢府条下的沙河，也就是今沙里河。

检《辽史》，辽代重名的人名、地名、山名、河流名很多，但潢水（河）却没有重名的现象，潢水不仅是《辽史》中出现频率最

辽代花押印

辽绿釉绞胎瓷盒（敖汉旗出土）

高的河流，而且都是指同一条河流即今西拉沐沦河。也就是说，从《辽史》记载来看，可以肯定今沙里河在辽代时称沙河，而无称潢水或潢河的记载。

　　持今沙里河在辽代时称潢水观点的主要理由有四点，一是《辽史·地理志》祖州条有"祖州……本辽右八（大）部世没里地"的记载，认为"世没里"即"世里没里"，"世里"、"西拉"、"沙里"均为黄（潢）的意思，"没里"、"沐沦"均为河的意思，世里没里、西拉沐沦、沙里河都是黄（潢）河的意思；又《契丹国志》载阿保机"以所居地名曰世里著姓"，由此推断今沙里河在辽代时称世里没里、亦称潢水。二是金灭辽后，在辽上京仍设立临潢府、临潢县，附近有金粟河，"金"为"黄色"的意思，认为金粟河即今沙里河亦即辽代潢水。三是北宋欧阳修使辽所作《奉使契丹回出上京马上作》诗中有"潢水冰光射日明"一句，认为此潢水是欧阳修出上京城后所见，肯定是今沙里河。四是辽上京附近出土辽代僧人鲜演墓碑中有"职縻潢水"的记载，其中的"潢水"是辽上京的代

称，认为能够代称辽上京的"潢水"，应是附近的潢水即今沙里河，而不是距离上京百公里以外的潢水即今西拉沐沦河；距离上京城遗址东北30华里的林东镇王家沟村出土的辽道宗朝萧兴言墓志称其葬于"西楼潢水北三十里嵩山之阳"，而萧兴言墓正位于今沙里河东北30华里，由此认为"西楼潢水"中的"潢水"即今沙里河。

　　笔者认为，以上四条理由都有商榷的必要。一是关于"世里没里"地望，《契丹国志》载"契丹部族，本无姓氏，惟各以所居地名呼之，婚嫁不拘地里。至阿保机变家为国之后，始以王族号为'横帐'，仍以所居之地曰世里著姓。世里者，上京东二百里地名也。今有世里没里，以汉语译之，谓之耶律氏"。这里明确指出了"世里"地望，在辽上京东二百里的地方，也就是今阿鲁科尔沁旗境内（详见第三章临潢节）。"世里"的蒙古语大意与"锡林"相同，指山背面面积广阔的缓坡平地，与"西拉"、"沙里"对译为"黄"很勉强，"世里没里"与"锡林郭勒"大意相同，是指山背面面积广阔的缓坡平地

辽墓壁画《茶道图》

辽代"万"字花押印

辽绿釉鸳鸯纹执壶（敖汉旗出土）

里氏家族（即阿保机家族）的领地（详见第三章临潢节）。

二是金灭辽后在辽上京地区仍设临潢府、临潢县，说明金代在辽上京地区的行政建置沿用了辽代临潢府、县名称，并非因附近有金粟河而另设临潢府、县，即金代临潢府、县并非因金代金粟河而取名。

三是对北宋欧阳修"潢水冰光射日明"诗句应该从全诗意境上去理解。欧阳修的《奉使契丹回出上京马上作》全诗为"紫貂裘暖朔风惊，潢水冰光射日明。笑语同来向公子，马头今日向南行。"此诗为七言绝句，由上下两联组成，上联写辽境天气寒冷，下联写回乡的高兴心情。全诗写的是欧阳修完成出使辽任务回宋朝的喜悦心情，大意为：辽境虽然河流冰冻，北风凛冽，寒风刺骨，但宋使们骑在马上，却相互说笑打趣，丝毫没有感觉到天气的寒冷，这一切都是因为圆满完成使辽任务，南行回家了。诗中的"潢水"并非特指潢水一条河流，而是喻指辽境内的河流。因为欧阳修等宋使在回返途中不可能只途经沙河（今沙里河）或潢水（今西拉沐沦河）等某一条河流，肯定会途经许多河流，而辽境内潢水

《辽史》

撰成于元朝，全书一百一十六卷，包括本纪三十卷，志三十二卷，表八卷，列传四十五卷，国语解一卷，记述了有辽一代的政治、经济、文化和宗教。元至正三年（1343年）四月开始修撰，翌年三月成书。脱脱为都总裁，铁木儿塔识、贺惟一、张起岩、欧阳玄、揭傒斯、吕思诚为总裁官，廉惠山海牙等为修史官。元修《辽史》，记载上自辽太祖耶律阿保机，下至辽天祚帝耶律延禧的辽朝历史（907年~1125年），兼及耶律大石所建立之西辽历史。

上的河流，与潢水无关。"沙里"与"西拉"可对译为"黄色"，但这并不证明沙里河在辽代就称潢水。关于《辽史·地理志》祖州条"祖州……本辽右八（大）部世没里地"中的"世没里"，应是"世里氏"的意思，"本"应是原来的意思，即祖州这个地方原来是契丹右大部中世

辽代陶土力士像

辽白釉牡丹花纹陶盆（巴林左旗出土）

（今西拉沐沦河）的名气最大，知名度最高，为宋人所知，因此欧阳修在诗中用"潢水冰光"来喻指辽境内的冰封河流，用以说明辽境寒冷的天气，这也是古代诗人常用的一种手法。

四是关于上京附近辽墓出土墓志中所提到的"潢水"，鲜演墓碑中"职縻潢水"的"潢水"是代指上京，没有什么异议，但说萧兴言墓志"西楼潢水北三十里嵩山之阳"中的"潢水"是指今沙里河，就值得商榷了。"北三十里"中的"北"显然是指萧兴言墓与"潢水"的方位，"三十里"是指萧兴言墓与"潢水"之间的距离，也就是以"潢水"为参照物，萧兴言墓在"潢水"北面三十里的嵩山之阳。如果这

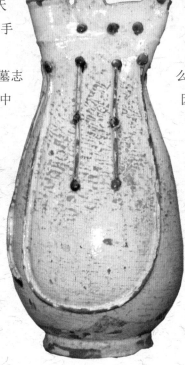

辽白釉绿扣鸡冠壶

里的"潢水"是指今沙里河的话，那么"北三十里"是以沙里河的哪一点为参照点呢？更主要的是，从地理位置来看，萧兴言墓与沙里河之间还隔着一条更大的河流乌力吉沐沦河（辽代狼河），契丹人怎么会隔着大河而以小河为参照物呢？因此说，萧兴言墓志中的"潢水"并非指今沙里河，而是指上京皇都城，即萧兴言墓位于上京皇都城北三十里的嵩山之阳。事实也是如此，萧兴言墓正位于上京城遗址东北三十里处。也就是说，鲜演墓碑和萧兴言墓志中的"潢水"都是指代上京的，而能够指代辽王朝首都上京的"潢水"，只能是契丹人的母亲河，这条潢水，即今西拉沐沦河。

最后需要说明一点，"临潢"并非仅仅指"临近或靠近潢水"之

意，而且还特指皇帝的居地，具有一定的政治寓意，关于这一点，请详见第三章临潢节。

三、液泉河

辽代液泉河，今之巴林左旗查干哈达苏木石房子嘎查（村）前面的干河沟（当地百姓称之为沟塘子），发源于大、小布拉格山谷即辽代祖山山谷中，主源发源于大布拉格山谷即辽代黎谷（辽太祖陵所在山谷），经辽祖陵黑龙门流出南流入沙里河（辽代沙河），全长15公里左右。

《辽史·地理志》记载祖州附近水系只有两条河流，即"南沙河（今沙里河），西液泉"，这里的"南"和"西"无疑都是方向

辽代瓷玩具

词。从现今地理位置来看，沙河位于祖州城南面10公里许，液泉河从祖州城西墙外流过。也就是说，沙河与液泉河是辽代祖州城附近的两条相对比较大的河流，而液泉河由于发源于辽祖州城所在的祖山，因此更为契丹人所看中。

液泉河是耶律氏家族选择驻牧地（辽祖州）和辽太祖阿保机选择墓地（辽祖陵）的主要因素。风（山）水是堪舆学的最基本内容，认为山体是大地的骨架，水域是万物生机之源泉，因此古人无论是生前居所（阳宅）还是死后葬地（阴宅）都很讲究风水，契丹人自然也不例外。

辽祖州城，即迭剌部耶律氏家族驻牧地点的选择（阳

辽代白釉花式口印花盘

辽玛瑙串珠饰件

乌力吉沐沦河与沙里河交汇处

只有南面有一出口，正好符合这样的风水原则；至于"未看山时先看水，有山无水休寻地"则较为直白，即山势再好没有水，也不是好地。液泉河的主源泉眼就在辽祖陵所在袋状山谷谷底，《辽史》称之为液泉（液泉河显然是因此液泉而得名），泉水流经全谷从南面谷口（辽代称黑龙门）流出，与袋状山谷群山正好形成最佳的风水之势，辽祖陵就位于液泉侧畔半山腰，凿山而

辽代白釉面盘

宅），就遵循了"背山面水"和"依山傍水"的原则，即背靠祖山面对沙河，依祖山傍液泉河。同时，液泉河从祖州城与对面白马山（今漫歧嘎山）之间流过，从而使祖州城又符合了后有靠（祖山）、前有照（白马山）、中间玉带（液泉河）绕的风水原则。

　　辽祖陵（阴宅）位于祖山袋状山谷中（今大布拉格山谷），所依据的便是"土包屋"及"未看山时先看水，有山无水休寻地"的风水原则。所谓的"土包屋"是指三面群山环绕，南面敞开的地势，辽祖陵所在山谷正是东西北三面环山，

大于越

　　辽代官名，属北面官系统，官署名为"大于越"府。大于越虽无具体职掌，但地位在百官之上，与辽朝皇帝齐平。有辽一代，最为著名的大于越有三位——耶律曷鲁、耶律屋质、耶律仁先，时称"三于越"。耶律曷鲁是迭剌部人，与阿保机是同宗叔伯兄弟。他是阿保机最为忠诚的同宗，无论多么困难，都始终站在阿保机一边。契丹建立政权后，获封大于越。耶律屋质是辽代为数不多侍奉了几代皇帝的人物，获封大于越，官至北院大王。耶律仁先出身契丹贵族，父亲是南府宰相。仁先一生屡任要职，担任过北面林牙、契丹北院枢密副使、北院大王、南京兵马副元帅等。

49

夷离堇

契丹部落联盟时期的官职名，掌管联盟军事。当时契丹联盟的政治组织，各部除有大酋长担任政治首领外，还有一个夷离堇作为军事首长，实行二元首长制。耶律阿保机家族所在的迭刺部在遥辇氏为首的联盟中，一直担任夷离堇，所以兵马大权在握。后来，阿保机凭借这一职务，建立了政权。入辽后，阿保机分迭刺部为数部，各置夷离堇，分掌部族军民政事。辽太宗会同元年改北、南院与乙室部夷离堇为大王，其官署称王府。其他各部夷离堇则太祖时改称令稳，圣宗时改称节度使。

辽代雕刻饰件

成。辽太祖阿保机选择这里为安寝之所，无疑是把液泉河作为第一选择因素。

总之，液泉河是辽代一条非常重要的河流，既是迭刺部耶律氏家族选择驻牧地的主要因素，也是辽太祖阿保机选择墓地的主要因素。但是，在辽代如此重要的一条河流，如今已经干涸，不能不令人感到惋惜。

辽代液泉河的干涸，是植被退化、自然环境恶化的信号，应该引起我们的重视。

辽崇兴寺（位于今辽宁北镇城内）

辽壁画《打马球图》

走进千年辽上京

第三章 从龙眉宫到上京

从龙眉宫到上京

辽王朝有上京（今赤峰市巴林左旗林东镇）、中京（今赤峰宁城县大明镇）、东京（今辽宁省辽阳市）、南京（今北京市）、西京（今山西省大同市）五京。上京作为辽王朝最重要的都城，有一个发展演变过程，经历了龙眉宫、西楼（西楼邑）、临潢、皇都、上京等阶段。这些名称的演变，反映了契丹社会由氏族制到奴隶制再到封建制的发展过程，同时也折射着辽王朝由游牧政权向封建帝制过渡的艰辛历程。

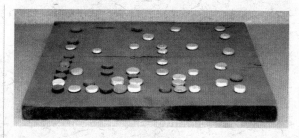

辽代围棋子

一、龙眉宫

《辽史·地理志》上京临潢府条记载"上京临潢府……太祖（阿保机）取天梯、蒙国、别鲁等三山之势于苇甸，射金龊箭以识之，谓之龙眉宫。神册三年城之，名曰皇都。天显十三年，更名上京，府曰临潢"。"上京，太祖创业之地。负山抱海，天险足以为固。地沃宜耕植，水草便畜牧。金龊一箭，二百年之基，壮矣"。由此可知，上京之地作为阿保机大本营（政治活动中心）的早期名称叫龙眉宫。

关于龙眉宫的建筑时间，《辽史》并没有明确记载。《辽史》记载阿保机于913年8月曾在龙眉宫"辖逆党二十九人"，由此可知龙眉宫应建筑于是年之前。从阿保机政治活动来看，龙眉宫的建筑时间当在901年至907年之间，也就是阿

辽代骨刻人像

保机担任迭剌部夷离堇至担任契丹可汗这个时间段内。

阿保机七世祖世里（耶律）雅里为了重新夺回契丹汗权，以"逊让"和拥立之功，借契丹遥辇氏汗国初建之机，把契丹汗国兵马大权和刑罚大权抓在手里，从此这一权柄始终掌握在耶律氏家族手中。不过，权力是一把双刃剑，在使耶律氏家族不断发展壮大的同时，也诱惑着耶律氏家族诸显贵对这一权力的追逐，内讧不断发生。阿保机祖父匀德实担任迭剌部首领时便被同族显贵所杀，阿保机出生时（872年）耶律家族内部争夺领导权的斗争仍在继续。祖母见阿保机相貌异常，怕他被政敌杀害，将其脸涂黑，藏匿在别帐之中，亲自抚养，才将阿保机养大。但是，阿保机还没有长大成人，他的父亲撒剌的便去世。祖父和父亲过早去世，使阿保机家这支势力严重削弱，

辽代击腰鼓人物腰牌

契丹的图腾

　　北方民族因受生产、生活习惯和地域的影响，在历史上有将动物作为市民族图腾的习俗。受影视剧和世俗观念的影响，人们一般认为契丹人的图腾是狼，男人们在胸口的刺青就是一只瞠目张口的狼头。其实这是一种错误的观念。事实上，在契丹未受汉文化熏染之前，信奉萨满教，即崇拜自然，具体来说，崇拜太阳和青牛、白马，并没有单纯将狼作为民族的图腾。

　　他在29岁（901年）之前只是官至挞马狘沙里，不过是一个管理数人的小官，抑或是部落首领的卫队长。这样的一个小官自然是不会、也不可能营造自己的势力中心。况且上京临潢府地区是迭剌部耶律氏家族的世袭领地，只有迭剌部首领（夷离堇）才有权使用，像阿保机这样的小官是没有权利随便使用这块地皮的。不过，阿保机经过自己的努力，最终还是获取了迭剌部最高领导权。

　　阿保机从小就表现出异于普通孩子的特质，诸如翻身、爬行、走路、说话等都要早于普通的孩子，且往往说出一些让大人们都刮目相看的话来，从而成

辽庆州释迦佛舍利塔（俗称白塔），建于辽兴宗重熙十八年（1049年）（位于巴林右旗境内）

为孩子王；担任挞马狘沙里后，更是显示出超人的才干，率领所属兵马在对外征伐中显尽英雄本色，被族人称为"阿主沙里"（阿主是"皇帝"或"主人"的意思，沙里即郎君），不仅在族人中的威信与日俱增，而且还被当时总知军国事的三伯父耶律释鲁（本书有传）选定为耶律氏家族将来的掌门人加以特殊培养。阿保机由此得以参与迭剌部和契丹汗国事务，有了展示才能的空间，在族人和汗国中的威信与日俱增。

　　就在阿保机与三伯父释鲁协力发展壮大迭剌部耶律氏家族事业的时候，发生了三伯父释鲁被政敌杀害事件，迭剌部首领耶律辖底（本书有传）也被吓得跑到渤海国躲了起来，从而给阿保机提供了露脸机会。他不仅很快将杀害三伯父的凶手绳之以法，而且还众望所归地被推举为迭剌部首领（夷离堇），成为耶律氏家

辽道宗年间经幢

辽代"佛、法、僧"三宝铜印

族的掌门人（901年）。

阿保机被推举为迭剌部首领（夷离堇）执掌契丹汗国兵马大权后，遂承担起耶律氏家族攫取契丹汗权的使命，他在率领契丹兵马东征西讨积累战功、获取财富、不断发展壮大耶律氏家族势力的同时，也在不断地向遥辇氏汗族施压，终于迫使遥辇氏最后一任可汗勤德（即《辽史》中的遥辇氏痕德堇可汗）拜其于越，授予其总知军国事务之特权（903年）。

阿保机被拜为于越总知军国事务，标志着他已经手握"挟天子以令诸侯"的权势，攫取契丹汗权只是时间问题。由于潢河与土河交汇处的"龙庭"之地，是契丹遥辇氏汗国的统治中心，同时也是遥辇氏诸显贵居住比较集中的地域，阿保机在这样的"政治氛围"里开展"政治活动"（指攫取契丹汗位）显然是多有不便，要受到诸多掣肘，为了避开遥辇氏诸显贵的眼睛，遂决定在沙河与狼河交汇处建筑自己的大本营。

辽穹庐式骨灰盒

辽代绿彩白釉鸡冠壶

　　阿保机选择沙河与狼河交汇地域来建筑自己的大本营，有可能是出于三方面因素。一是三伯父于越耶律释鲁已经在祖山（今巴林左旗境内大、小布拉格山，详见前文祖山节）前的沙河岸边建筑了于越王城，标志着这一地区是三伯父家支的势力范围，阿保机不宜再在这里建筑自己的大本营；二是沙河与狼河交汇处距离祖山只有30余公里，是迭剌部耶律氏家族的世袭领地，在这里开展"政治活动"自然要比在"龙庭"之地方便和安全得多；三是看中了这里的风水，狼河与沙河交汇处地势与潢河与土河交汇处的"龙庭"地势颇为相似，都是两河交汇地势，又都有一条西南向东北流的水势，加之这里有天梯（即祖山之天梯山）、蒙国（地点不详，有辽史研究者认为蒙国山就是位于上京城东北15公里处的巴林左旗林东镇王家沟村石匠山，但从此处出土的《萧

兴言墓志》得知，此山是辽代的嵩山，并非蒙国山）、别鲁（地点不详，有辽史研究者认为别鲁山就是位于辽上京南面25公里处的辽真寂之寺附近的别楞山）三山之势，可谓是风（天梯、蒙国、别鲁三山）水（沙河、狼河二水）宝地，自然也是兴王之地。同时，由于沙河自西南向东北流，属于逆向（即没有按照西北高东南低的总体地势走向成河）河流，在西北高东南低的总体地势作用下，在汇入狼河前不断发生改道，从而使两河交汇的夹角地域形成了一片方圆数十平方公里、四周群山环绕（其中天梯、蒙国、别鲁是群山中的三座大山）的平坦苇甸，不仅"负山抱海（水泡子），天险足以为固"，而且适合于搞大

辽墓壁画《备饮图》

规模的群体性建筑。

　　沙河与狼河交汇地域方圆数十平方公里，龙眉宫又建筑在哪里呢？从"上京，太祖创业之地。负山抱海，天险足以为固。地沃宜耕植，水草便畜牧。金龊一箭，二百年之基，壮矣"的记载来看，龙眉宫的位置应当在后来的皇城（即辽上京北城）内。也就是说，后来的皇城是在龙眉宫的基础上建筑而成的。那么，龙眉宫又在皇城内的什么位置呢？从"太祖取天梯、蒙国、别鲁等三山之势于苇甸，射金龊箭以识之，谓之龙眉宫"的记载来看，辽代时沙河与狼河交汇地域是一片苇甸，阿保机射出金龊箭，在箭的落地处建筑了龙眉宫。不过，既然是"苇甸"，说明这里是湿地地貌，少不了沼泽和海子（即水泡子），不是任何地方都适合安置庐帐或建筑固定性建筑物的。也就是说，阿保机的金龊箭并不是随意射出的。那么，阿保机又是如何"射金龊箭以识

之"的呢？

　　从辽上京城遗址现状来看，上京城建筑在乌力吉沐沦河（辽代狼河）与沙里河（辽代沙河）交汇的夹角平坦台地上，皇城（即上京北城）内有两处高冈。一处是皇城西部小山冈（皇城西城墙便从此小山冈顶部经过），这里是整座皇城最高点，站在此处便可俯瞰全城；另一处是皇城中部偏北的丘冈，这里是城内的另一制高点，地势居高临下，也可以俯瞰全城。也就是说，在当年的苇甸中有两处高冈，地势要相对高出其他地方，适合于安置庐帐或搞建筑。进一步来说，龙眉宫有可能就建筑在这两个高冈之一处。那么，建在哪个高冈上最适合呢？阿保机"射金龊箭以识之"，即通过射箭来占卜，最终将龙眉宫的建筑地点确定下来，至于是中部丘冈还是西部的山冈，就不得而知了。不过，通过现代考古勘查可以得到一些启示。

辽饶州城墙残垣

辽代契丹大字铜印

根据《辽上京城址勘查报告》，皇城西部山冈和中部丘冈是皇城内两处重要建筑区域，其中，西部山冈上的建筑遗址被认为是阿保机与妻子述律平的宴寝之所日月宫；中部丘冈上的建筑群遗址是包括开皇、安德、五銮三大殿在内的皇城大内的主体建筑。《辽史》载913年3月诸弟叛乱时"其党神速姑复劫西楼，焚明王楼"。同年8月阿保机回到西楼"幸龙眉宫，轘逆党二十九人"。第二年（914年）10月"建开皇殿于明王楼基"。由此可知，诸弟叛乱抢劫西楼时，位于中部丘冈上的明王楼（见下文西楼、开皇殿节）被焚烧，而龙眉宫却免遭劫难，说明

辽代唾盂

龙眉宫与明王楼有可能分别建于两地，即前者建于皇都城西部山冈上，后者建于皇都城中部丘冈上。

根据《辽史》记载，明王楼是叛党神速姑在逃跑途中窜入西楼而焚烧的。也就是说，由于龙眉宫建在皇城西部山冈上，明王楼建在皇城中部丘冈上，两者之间有一段距离，神速姑等叛乱人员焚烧明王楼后不敢停留就逃走了，因此龙眉宫才免遭劫难。阿保机平息叛乱重建西楼，在明王楼废墟上建筑开皇殿（中部丘冈上）的同时，有可能在龙眉宫处建筑了更大规模的宴寝之所日月宫（详见下文日月宫节）。

根据《辽上京城址勘查报告》，上京皇城西部山冈上分布着南、中、北三个较大的院落址，全部座西朝东，应为辽早期建筑。其中，北院址位于西部山冈的最顶部，建筑规模略小于中院而较南院大，建筑台基都偏于后部，在中间稍后的主要部位有3座圆形台基，大者居中直径54米，小者直径各约10米作左右陪衬。经考古发掘发现，这三座圆形台基都为六边形台基址，考古人员推测为三座塔基，并由此推断皇城西山冈建筑址应为辽代皇家佛寺遗址。

笔者曾到过西山冈建筑遗址发掘现场，所见到的情况是：中间台基址为六边形，高出地面1米左右，基址外侧由砖砌起，南北两面或六面均有台阶，基址面为平面，上铺大小、长方、卧竖不等砖块，有内外两层石柱础，

辽代"夹"字花押印

均按六边形排列，外层石柱础大致是18个（每边4个），其中六角处为莲花形石柱础，内层大约为12个，内外两层石柱础间相间有垫脚石等，发掘清理物中有宋钱、砖瓦残片和泥塑人头像（其中有"胡人"头像）、不规则石柱等，石柱立于垫脚石上，或因包砌于里不外露，因而没有作雕刻处理，显得很粗糙。

从中间台基面上有两层石柱础及出土大量宋钱和泥塑人头像来分析，这里有可能是一处两槽柱子六角形楼阁式塔（如山西应县木塔）建筑址，但也不排除是在龙眉宫基址上建筑起来的亭阁或楼阁式祭祀或纪念性建筑物，如同北京景山公园里的五座峰亭（五座峰亭中原有五尊佛像，通称五味神）。

龙眉宫只在《辽史·太祖本纪》和《辽史·地理志》上京条中各一见，或说明龙眉宫之名只存于或用于辽太祖朝或辽太宗朝初期，随着时间的推移，龙眉宫有可能被改建或扩建为楼阁式建筑物，成为辽帝们祭祀太祖阿保机和开国皇后述律平的场所，名称也相应地发生了变化。

《辽史·圣宗本纪》记载辽统和元年（986年）6月辽圣宗曾在上京"有事于太庙"，此太庙（或为太祖庙简称）有可能就是在龙眉宫基础上改建或扩建而成的楼阁式建筑，即上京城内西山冈北院发掘的三座六边形建筑遗址（详见日月宫节）。

总之，龙眉宫就建在现今上京城遗址内，是阿保机在辽上京地区所建筑的第一座固定性建筑或庐帐，是阿保机攫取契丹汗权之前在辽上京地区的议事场所和政治活动中心，同时也是辽上京地区的早期称谓；龙眉宫虽然有可能是一座固定性庐帐，但却包含着中原文化元素。"龙"是华夏族图腾，也就是汉民族的图腾，阿保机

辽代黄玛瑙盅（敖汉旗出土）

辽代白釉盘

以"龙"字来命名自己的政治活动中心——龙眉宫，显然是受到了汉文化的影响。

龙眉宫的出现，标志着时任迭剌部夷离堇的阿保机已经有了明确的政治目标——夺取契丹汗权；同时也说明阿保机身边已经有了汉人谋士，并受这些汉族知识分子的影响，开始接触和接受中原文化。

二、西楼

阿保机被拜为于越总知军国事之后（903年），加快了攫取汗权步伐，为了避开契丹汗族遥辇氏等诸显贵的眼睛，把家族驻牧地祖山地区作为自己的大本营，并建筑了龙眉宫作为议事场所。此后，他继续东征西讨，不断积累政治资本，最终迫使遥辇氏把汗权让给自己（906年末）。耶律氏家族经过八代人170余年的努力，终于掌握了契丹汗权（阿保机于907年正月即位契丹可汗）。

阿保机攫取契丹汗权的同时，也从遥辇氏可汗手中接过了象征可汗权力的旗鼓和神帐。

旗鼓，是北方游牧民族可汗权力的象征，契丹可汗的旗鼓更具有特殊的意义。唐贞观三年（629年），契丹大贺氏部落联盟第二任联盟长摩会，到唐王朝首都长安觐见唐太宗李世民，李世民特赐给摩会旗鼓，明确表示承认其契丹可汗的合法地位；从此这一旗鼓便成为契丹历任可汗合法地位和权力的象征，由可汗保管，随时带在身边，如同秦始皇统一六国后所铸造的秦玺一样，持有这一旗鼓的可汗为合法可汗。

神帐，是契丹族某一始祖用过的庐帐，被契丹人视为神帐，作为可汗"汗权神授"的象征，由契丹可汗保管并加以时祭。神帐的实际作用，是用作契丹可汗行再生礼的道具。再生礼是契丹族一种传统习俗，基本内容是重复小孩出生过程，是契丹族母性崇拜的反映，契丹男人在本命年及担任部落首领时都要举行再生礼。届时置再

东方木乃伊——契丹女尸

在契丹人的葬俗中，有一种奇怪的习俗，就是在人死后，对尸体进行"药物"和"物理"处理，制成"干尸"。史料记载耶律德光死后就是如此处理后入葬的。近年来，考古发掘进一步揭示了这种奇特的契丹葬法，20世纪八十年代，考古人员在乌兰察布盟（今乌兰察布市）察右前旗固尔班乡豪欠营村湾子山发现一处辽代古墓，墓室内惊现一具完整的契丹女尸，其考古价值仅次于长沙马王堆出土的汉代女尸。这一重大考古发现在当时引起了轰动，各大媒体争相报道。由于当时技术等条件的限制，没能对这具出土女尸进行很好的研究。2003年，在内蒙古通辽市科尔沁左翼后旗的吐尔基山辽墓出土的女尸，经过考古工作人员的深入研究，不仅确立了其身份，而且还尝试着做了相貌还原工作。

生室，当事人进入再生室模仿小孩出生过程后再出来表示再生，而契丹可汗举行再生礼时的再生室就是神帐。

阿保机为了妥善保管神帐，于担任契丹可汗的第二年（908年），在距离龙眉宫不远的一处丘冈上，即现今上京城遗址中部偏北的丘冈上建筑了明王楼，作为保管和时祭神帐之所。从此明王楼代替龙眉宫成为当地的标志性建筑，辽上京地区也随之有了一个新的称谓——西楼。

不过，西楼称谓虽然与明王楼有关系，但并非纯粹意义上的楼阁之意。这里的"楼"并不是特指两层以上建筑物，而是指汗国可汗常驻区域的某一建筑、或多组建筑物，是汗国政治中心、或汗国临时政治中心的同义词。

在契丹汗国之前，鲜卑和回鹘汗国便已经有了"楼居"的称谓。主要是指汗国可汗在自己常驻之地建筑起高高的台基，或用以安置自己的庐帐，或用以举行重大活动。由于安置在台基上的庐帐或建筑物，要高于附近的其他庐帐或建筑

辽镂空球形铜香薰

辽代契丹大字银币

第三章 从龙眉宫到上京

61

物，从而被形象地称为"楼居"，而"楼"也就成为汗国政治中心的同义词。

契丹遥辇氏汗国的政治中心，在潢河与土河交汇处的"龙庭"之地，自然也有"楼"的称谓；阿保机担任迭剌部首领的第二年（902年），便在"龙庭"之地建筑了龙化州（今通辽市奈曼旗八仙筒附近），作为他在"龙庭"地域的政治活动中心，攫取契丹汗权（907年）后，便逐渐把契丹汗国的政治中心从龙化州所在的"龙庭"迁徙到龙眉宫所在的沙河与狼河交汇处，但龙化州作为阿保机重要的政治活动中心仍然存在（龙化州也是阿保机开国称帝前的实际政治中心）。

走进千年辽上京

辽代飞天石雕像

契丹文铜印

辽绿釉梅瓶

为了有所区别，龙化州被称为东楼（因在龙眉宫的东面），明王楼、龙眉宫及祖山地区被称为西楼。从此（908年）西楼一词成为阿保机亦即契丹汗国新的政治中心的同义词。

西楼称谓的出现，标志着阿保机将契丹汗国的政治中心已经迁徙到迭剌部耶律氏家族的世袭领地——祖山地域亦即沙河与狼河流域（今巴林左旗）。从此，西楼一词成为契丹辽王朝政治中心的同义词，而被中原政权和周边部族所掌握。

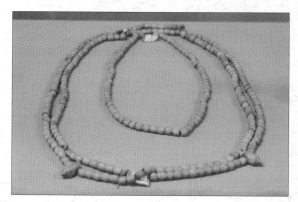

辽石质串珠饰件

辽代白釉盘

辽代供养人石雕像

辽神册二年（917年），阿保机率兵攻打幽州城，李嗣源（即后唐明宗）率兵增援幽州，在与契丹兵马交战时便大声喊道："你们无缘无故地侵扰我们的国境，晋王（李存勖）命令我率领百万大军要直攻到你们的老巢西楼，把你们的种族消灭"。由此可见，西楼作为契丹政权的政治中心，被中原政权所悉知。

不仅如此，契丹皇都建成及升为上京后，西楼称谓仍然存在，也仍然是辽上京地区的同义词。2000年，在距离辽上京城遗址北三十里的林东镇王家沟村出土了一方辽代贵族《萧兴言墓志》，墓志称萧兴言病故后"妻氏郡主夫人等自塞下辇其尸之西楼潢水北三十里嵩山之阳"埋葬。萧兴言病逝于辽大安三年（1087年），已经到了辽朝末年，说明一直到辽亡（1125年），契丹人都是称辽上京地区为西楼的。同时也说明，西楼一词可以指代契丹辽王朝首都，在民间的使用频率有可能还要高于上京一词。

辽契丹文铜镜

辽代方形镂空陶器

三、临潢

《辽史·地理志》载"太祖以迭剌部之众代遥辇氏，起临潢，建皇都"。由此可知上京之地在建筑皇都城之前除了西楼称谓之外，还有一个称谓——临潢。"临潢"不仅仅是临近潢水（今西拉沐沦河）之意（见第二章沙河节），而且还有更深层次的政治寓意。

首先，"临潢"作为地名与"世里"有关系，是迭剌部世里氏（耶律氏）家族内部权力斗争的产物。"世里"是建立辽王朝的耶律氏皇族的祖籍地和姓氏，关于"世里"地望，《契丹国志》载"契丹部族，本无姓氏，惟各以所居地名呼之，婚嫁不拘地里。

辽代"忽"字花押印

至阿保机变家为国之后，始以王族号为'横帐'，仍以所居之地名曰世里著姓。世里者，上京东二百里地名也。今有世里没里，以汉语译之，谓之耶律氏"。这里明确指出了"世里"地望，即在辽上京东二百里的地方，也就是今阿鲁科尔沁旗境内。

从目前考古发现来看，在辽上京城遗址东二百里范围内的阿鲁科尔沁旗境内，发现了多处辽代城址和辽廷耶律氏皇族家族墓地，其中位于朝格图山（辽代裂峰山、烈山、列山）阳坡上的耶律羽之家族墓具有重要的考古价值，被列为1992年全国十大考古新发现之一。

耶律羽之与阿保机是一爷（辽懿祖）之重孙，其家族墓地出土的耶律元宁（耶律羽之之孙）墓志载其"玄扃一闭于金微，夜壑长埋于玉树"，

辽花口三彩碟

辽代雕刻饰件

辽双狮纹铜镜

辽代铜佛

即耶律元宁死后归葬于金微山、埋葬于王树侧。有辽史研究者据此考证朝格图山是唐代时仆骨部落首领所居的金微山、契丹始祖奇首可汗出生地都庵山、契丹人祖山木叶山（参见占·达木林斯荣《契丹族源及木叶山考释》）。此说正确与否，不是本文关注的重点，本文所关注的是墓志中出现的"金微"和"王树"。"金微"即金微山是匈

奇特的契丹后妃分娩仪式

契丹后妃怀孕如过八个月，先建立无量寿道场，逐日行香礼拜。同时，在皇帝帐寝附近建立白毡帐四十九座，后妃产前数日，住到其中最大的毡帐中。此时，每一座毡房置角羊一只，并配置一人负责扭羊角。等到后妃分娩时，毡房侍从用力扭羊角，使之大声叫唤，意思是以羊的叫唤生代替后妃分娩时的苦楚。这些用以皇宫生育的角羊，在后妃产后不会被宰杀，直至自然死亡。若后妃诞下男婴，皇帝穿红衣，在帐内奏契丹乐，并与契丹臣僚宴饮以示庆祝；如果生下女孩，皇帝穿皂色衣裳，帐内奏汉乐，与亲近的汉族臣僚饮酒。

奴部落首领和仆骨部落首领王庭所在之山（分别在两地），"王树"寓意为祖先或祖陵，耶律元宁墓志称朝格图山为"金微"和"王树"，说明朝格图山在辽代不是一座普通的山峰，与迭剌部耶律氏家族祖源地有着密切的关系，有可能就是《契丹国志》所载的"世里者，上京东二百里地名也"之"世里者"。"世里"蒙古语意是指山背面面积广阔的缓坡平地，"世里没里"是流淌在这一缓坡平地上的河流（并非指黄色河流），朝格图山西侧便是流经阿鲁科尔沁旗全境的海哈尔河，此河有可能就是《辽史》和《契丹国志》中提到的"世里没里"。

《辽史·地理志》祖州条载"祖州……本辽右八（大）部世没里地。太祖秋猎多于此，始置西楼，后因建城，号祖州。以高祖昭烈皇帝、曾祖庄敬皇帝、祖考简献皇帝、皇考宣简皇帝所生之地，故名"。《辽史》中有右大部、左大部，没有右八部，这里的"右八部"当为"右大部"之误，此部当是契丹大贺氏部落联盟诸部中之一部，"本"字则说明祖州之地原来是辽右大部"世没里地"即世里氏领地。关于右大部和左大部的情况，《辽史》中没有记载，不过此二部与迭剌部同时出现在契丹遥辇氏汗国建立之初重组

燕云十六州

又称"幽云十六州"，包括今天晋北、冀北长城沿线的广袤地区，具体指：幽州（今北京）、顺州（今北京顺义）、儒州（今北京延庆）、檀州（今北京密云）、蓟州（今天津蓟县）、涿州（今河北涿州）、瀛州（今河北河间）、莫州（今河北任丘北）、新州（今河北涿鹿）、妫州（今河北怀来）、武州（今河北宣化）、蔚州（今河北蔚县）、应州（今山西应县）、寰州（今山西朔州）、朔州（今山西朔州）、云州（今山西大同）。后唐节度使石敬瑭为反唐自立，以"燕云十六州"换取契丹出兵相助。"燕云十六州"地势险要、易守难攻，是中原防御北方民族入侵的天然防线。契丹取得"燕云十六州"后，将其营造为南下攻宋的基地。

部落时期。关于这次重组部落，《辽史》有这样的记载："涅（雅）里相阻午可汗，分三耶律为七，二审密为五，并前八部为二十部。三耶律：一曰大贺，二曰遥辇，三曰世里，即皇族也……其分部皆未详；可知者曰迭剌……又有右大部、左大部……大贺、遥辇析为六，而世里合为一，兹所以迭剌部终遥辇之世，强不可制云。"《辽史·兵卫志上》载"有耶律雅里者，分五部为

朝格图山（辽代列山）

辽墓壁画《备饮图》

八，立二府以总之……逊不有国，乃立遥辇氏代大贺氏"。

涅里即世里雅里，是辽廷耶律氏皇族始祖，亦即辽太祖阿保机的七世

辽太祖陵石像生

祖。雅里家族在契丹大贺氏部落联盟时期并没有组成独立部落，而是右大部中的成员，雅里在契丹大贺氏部落联盟末期因平定内乱有功，被唐廷册封为契丹松漠都督府都督，成为契丹诸部的领导者，但他审时度势，因自己家族势力不如遥辇氏强大而主动让出领导权，拥立遥辇氏建立了契丹遥辇氏汗国。在这个过程中，雅里以"逊让"和拥立之功位居遥辇氏佐相，成为汗国的第二号人物，并乘重新组建部落之机将原来的汗族大贺氏和新汗族遥辇氏两大家族析分重组为六个部落，以自己家族为核心组建了迭剌部（即世里合为一），从而使以世里家族为核心而组建的迭剌部一跃成为汗国诸部中的强部，为将来世里氏取代

遥辇氏执掌契丹汗权打下基础。当时契丹人没有姓氏，以所居地名呼之，雅里因居住于世里地而被呼为世里雅里。

综合《契丹国志》和《辽史》关于世里地望的记载，我们可以得出如下结论：朝格图山是《契丹国志》所谓"世里者，上京东二百里地名也"的"世里者"，契丹大贺氏部落联盟末期，雅里家族是契丹大贺氏部落联盟中右大部里的成员，以朝格图山为统治中心，巴林左旗境内大、小布拉格山（辽代祖山）当时是世里家族领地，也就是《辽史·地理志》祖州条中所谓的"祖州……本辽右八（大）部世没里地"。这里的"世没里地"应该理解为"世里氏"

辽代"乾统元宝"铜币

辽松鹿亭琴纹铜镜（敖汉旗出土）

67

领地，并非祖州之地名叫世里，否则"世里者，上京东二百里地名也"就无法解释。

雅里拥立遥辇氏建立契丹遥辇氏汗国后，以佐相身份成为汗国的第二号人物，执掌契丹汗国八部兵马大权，世里家族也开始了取遥辇氏而代之为契丹汗族的奋斗历程。在此后的一百多年时间里，世里家族世掌汗国兵马大权，势力不断壮大。随着时间的推移，世里家族分支越来越多。随着家族势力增长，世里家族权贵也越来越多，角逐迭剌部领导权的斗争也随之在世里家族内部发生。

朝格图山是世里家族的统治中心，由世里家族中强势家支所占有。到了阿保机祖、父辈时代，迭剌部世里家族内部争夺领导权的斗争更加激烈，阿保机祖父匀德实在担任迭剌部夷离堇期间被同族政敌狼德杀害，当时阿保机父亲撒剌的四兄弟还没有成年，在母亲的带领下逃到邻部突吕不部才免遭劫难。不久，匀德实二兄长帖剌用计捕杀狼德及其同党重新夺回迭剌部权柄。这个帖剌就是耶律羽之祖父、阿保机二伯祖，是契丹遥辇氏汗国末期迭剌部世里氏家族中的重要人物，曾九任迭剌部夷离堇（每届任期为三年），其家支是契丹建国前世里氏家族中最强势的

辽鎏金铜男面具

家支，占有世里氏家族的统治中心即朝格图山地区。

巴林左旗境内大、小布拉格山（辽代祖山）是仅次于朝格图山的另一重要营地，由阿保机直系祖先所占有，阿保机本人及其四世先人均出生在这里。阿保机父辈四兄弟长大成人后，也都参与到争夺迭剌部权柄的斗争中，特别是阿保机三伯父释鲁被遥辇氏可汗授予于越总知军国事之权，拥有挟天子以令诸侯的权势，但就其家支势力而言仍没有帖剌家支强大，因此阿保机父辈四兄弟只能在大、小布拉格山地区发展，释鲁也只能在大、小布拉格山前建立私城——于越王城，朝格图山仍然被帖剌家支所占有。阿保机长大成人担任迭剌部酋长（901年）后，其家支势力仍然没有帖剌家支强大，也只能在大、小布拉格山地区发展壮大自己的势力。不仅如此，由于三伯父释鲁在大、小布拉格山前建筑了于越王城，阿保机只能离开大、小布拉格山在乌力吉沐

辽三彩海棠盘

沦河（辽代狼河）与沙里河（辽代沙河）交汇处建筑龙眉宫来作为自己的大本营，即便是阿保机被遥辇氏授予于越总知军国事之后，这种局面仍然没有改变。因此当遥辇氏在世里氏的压力下被迫让出汗权时，阿保机仍然顾忌二伯祖帖剌家支势力，不得不对汗权作出"禅让"之姿态。

根据《辽史·耶律辖底传》记载，阿保机在从遥辇氏手中接过汗柄、即位契丹可汗之前，曾有意把汗权让给耶律辖底，即位可汗后，又拜辖底为于越，任辖底之子迭里特为迭剌部夷离堇，但辖底父子并没有满足，在此后的几年间联合阿保机诸弟多次图谋汗权。辽太祖七年（913年），辖底又联合阿保机诸弟起兵叛乱夺权，最终失败被诛。阿保机在处死辖底之前，叔侄两人曾有过一段对话很能说明这一问题。

辽代佛像

辽代海兽葡萄镜

辽代壁画

阿保机问辖底，"朕初即位，尝以国让，叔父辞之；今反欲立吾弟，何也？"辖底回答说，"始臣不知天子之贵，及陛下即位，卫从甚严，与凡庶不同。臣尝奏事心动，始有觊觎之意。度陛下英武，必不可取；诸弟懦弱，得则易图也。事若成，岂容诸弟乎。"

这个耶律辖底便是帖剌之子、耶律羽之叔父，在遥辇氏汗国末期担任迭剌部夷离堇（阿保机的前任），与阿保机三伯父释鲁（时任于越）同知国政，是契丹建国初期帖剌家支的代表人物。释鲁被政敌杀害后（901年之前），辖底吓得跑到渤海国躲藏起来，时任挞马狘沙里的阿保机才有了露脸的机会，在侦破三伯父释鲁被害案件后，被推举为迭剌部夷离堇（901年），又经过6年的努力，最终迫使遥辇氏把汗权让给自己（906年末）。

阿保机在即位可汗前有意把汗权让给辖底，虽然不排除有作秀的成分，但这件事至少反映出帖剌家支势力仍然很强大，甚或是仍然在阿保机家支之上，因此阿保机不得不作出"禅让"之姿态，即位后又对辖底家支进行安抚，只不过辖底自知能力不如阿保机，所以才没敢从阿保机手中接过汗权，而是把心思用在了诸弟身上，期望能在诸弟手中夺取汗权。进一步来说，阿保机担任迭剌部首领甚或是担任契丹可汗后，由于自己家支势力不如二伯祖帖剌家支势力强大，因此他还

69

走进千年辽上京

辽陶长颈瓶

不能占有被帖刺家支所拥有的世里家族统治中心——朝格图山地区，他只能在大、小布拉格山地区发展。而从世里家族的角度上来讲，大、小布拉格山地区并非世里家族统治中心，只是世里家族领地，并不能直接称呼为"世里"。这自然是已经担任迭刺部首领、甚或是担任契丹可汗的阿保机所不愿意看到的局面，为了突出自己家支的独立和领导地位，从而为大、小布拉格山地区取名为"临潢"，以区别于朝格图山地区的"世里"地名。

从字面上来理解，"临潢"显然是取临近潢水之意。那么，阿保机为什么要给自己的居地取名为临近潢水之意呢？这主要与潢水在契丹人心目中的地位有关系。

潢水，即今西拉沐

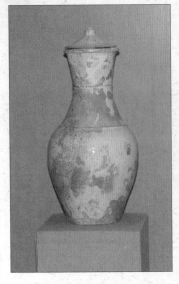

耶律羽之墓出土鎏金木狮

沦河，古代时称饶乐水、作乐水、弱洛水、弱落水，辽代称潢水、潢河、袅罗箇没里、女古没里。此河是契丹民族的发源地，如同黄河是华夏民族的母亲河一样，潢水是契丹民族的母亲河，在契丹民族社会意识中占有相当的地位，凝聚着契丹民族心理，是契丹民族同根、同源、同祖的具体象征。契丹人对自然物的最高崇拜便是木叶山神和潢水神，辽帝每年都要祭祀潢水神，祭祀木叶山仪式中也有祭祀潢水神的内容，所以阿保机才把大、小布拉格山地区起名为"临潢"。

其次，"临潢"具有浓厚的政治寓意，具有皇帝（可汗）居地的含义。"临"字的基本字义有近十种，详细字义不下二十几种，最常用的字义是居高临下，用以强对弱，上对下。如皇帝在殿前高台上接见臣属称"临轩"，在朝廷上处理朝政称"临朝"、"临政"，从上往下看称"临下"、"临见"等。从"临"字的这个字义上来理解，"临潢"的含义便是辽帝居"潢水"以统治契丹民族。很显然，这里的"潢水"并非指潢水这条河流，而是指超越物质之上的"潢水神"，即阿保机以潢水神自居，发号施令，统一契丹人心。

关于"临潢"地名出现的时间，《辽史》中没有明确记载，不过从阿保机的政治经历来看，当与"西楼"同时或稍晚出现。"西楼"是相对于龙化州的"东楼"而言，是阿保机在祖山地区政治活动中心的同义词，是阿保机秋捺钵之场所；"临潢"是阿保机担任迭剌部夷离堇或担任契丹可汗之后，给祖山地区所取的地名，意为契丹可汗、皇帝居地。

辽会同元年（938年）辽太宗获取燕云十六州后，将西楼皇都升为上京、南京（今辽阳）改为东京、幽州升为南京，设三府为三京最高行政机构，三京府名便是因地名而起名，即上京城因在临潢而设临潢府，东京城因在辽阳而设辽阳府，南京城因在幽州（古时亦称幽都）而设幽都府（辽圣宗朝改为析津府）。也就是说，临潢地名由辽太祖所起，辽太宗因地而设临潢府。

四、皇都

阿保机担任可汗后，在将汗国的政治中心从东楼龙化州迁往西楼临潢龙眉宫的同时，也在为

辽天祚帝朝钱币

辽帖金彩绘七佛法舍利塔

开国称帝做着准备。而阿保机的这一思想，显然是受到了汉族知识分子的影响，对他汉化思想影响较早的是韩知古、康默记、韩延徽三人。

韩知古（本书有传）是玉田（今天津蓟县）人，6岁时被述律平的兄长俘虏进入述律家中为奴，后来又作为述律平的陪嫁奴隶来到阿保机家中（时间当在890年左右），既是《辽史》所记载的进入契丹上层社会最早的汉臣，也是契丹化的汉人，对阿保机汉化思想影响最早也最直接。

康默记（本书有传）原是唐蓟州府小吏，被阿保机俘虏进入契丹社会（903年左右），因才能出众被阿保机留在身边咨用，多被委以处理蕃汉相涉事务，对阿保机汉化思想影响既早又深远。

韩延徽（本书有传）原是幽州府藩帅刘守光的幕僚，刘守光末年受到朱温、李存勖等势力的攻击，派韩延徽到契丹请求外援，韩延徽被阿保机留在契丹

辽代白釉盘

辽帖金木雕释迦佛坐像

（910年左右），阿保机仿效中原帝制开国称帝思想就是受到了韩延徽的直接影响。

阿保机在韩知古等汉人的影响下，接受并仰慕中原文化，这其中又以中原君主集权制度对他最有吸引力。他在担任契丹可汗后，弃汗国首领可汗称谓不用，而是使用中原皇帝的称谓，给自己上尊号为天皇帝，给妻子述律平上尊号为地皇后；同时有意不履行契丹可汗三年一代祖制，以造成事实上的汗权世袭制。但是，这样做的结果，立即遭到契丹诸显贵的反对，而反对最强烈的人就是他的几个弟弟。

按照契丹汗国选汗制度，阿保机担任可汗后，耶律氏家族诸显贵都有担任可汗的资格，而

他的几个弟弟又有优先担任可汗的特殊权利。按照契丹选汗制度，阿保机每三年就要召开一次选汗大会，由诸部酋长从耶律氏诸显贵中选举新的可汗。因此阿保机有意不履行可汗三年一代的行为，首先引起他的几个弟弟，即阿保机二弟耶律剌葛、三弟耶律迭剌、四弟耶律寅底石、五弟耶律安端的不满，连续三年起来图谋夺取汗权。

辽太祖五年（911年），即阿保机担任可汗的第5个年头，诸弟暗中预谋在第二年即阿保机担任可汗的第6个年头，召开选汗大会夺取汗权，结果被老五耶律安端的妻子告发，被抓了起来。阿保机念及手足之情，并没有将诸弟处死，而是利用契丹族原始的萨满教，让诸弟刑牲对天发誓不再谋取汗权。

辽太祖六年（912年）十月，掌握了迭剌部兵马大权的二弟剌葛与诸弟趁阿保机率军出征之机，带领迭剌部兵马堵住阿保机回军道路，想以兵逼阿保机履行汗权三年一代制度，召开选汗大会交出汗权。阿保机得到消息后，并没有与诸弟直接交兵，而是改道而行，行至一个叫十七泺的地方后，召开随军出征的诸部酋长会议，强行让诸部酋长选举自己连任契丹可汗，并立即举行

斡鲁朵

斡鲁朵原意为帐幕。辽朝皇帝各自有自己的斡鲁朵，并有直属的军队、民户、奴隶和州县，都成独立的经济军事单位。斡鲁朵另有的奴隶和军队为皇帝个人私有，不属国家，死后由家族后代继承。帝后斡鲁朵有著帐局，以契丹和奚人奴隶为著帐户，为皇族公帐服役。蒙古人兴起后，承袭了这一制度，译为"斡尔朵"。在蒙古黄金家族中，拖雷一系能够在贵由汗之后稳固地占据大汗之位，主要是依靠拖累妃唆鲁禾帖尼所领的庞大斡尔朵名下的财产和军队。

辽手抄纸质经卷（辽庆州白塔出土）

了柴册礼。柴册礼是契丹可汗登基即位的一种礼仪，如同中原皇帝举行登基仪式一样，新可汗一旦举行柴册礼，就是契丹合法可汗，任何人不得擅自废立，否则就是谋逆。诸弟得知阿保机被诸部酋长推举为新可汗并举行柴册礼后，知道大势已去，只好纷纷向阿保机请罪，阿保机再次念及手足之情，宽容了诸弟，没有治诸弟的罪。

辽绿釉牡丹鸡冠壶

辽太祖七年（913年）三月，即诸弟第二次图谋汗权事件仅仅过去一个月，诸弟在耶律辖底等显贵的鼓动下，趁阿保机在芦水捺钵之机，联合诸部显贵发动了有组织有预谋的大规模叛乱。一方面派三弟迭剌领兵前往芦水，以投奔阿保机为名，寻机囚禁阿保机或害之；一方面在乙室堇淀筹办柴册礼，准备在三弟迭剌得手后举行柴册礼，推举二弟剌葛为可汗。不料，迭剌等人到达芦水后便被阿保机识破，叛乱计划也随之暴露。阿保机见事态严重，亲自率领部队进行平叛。阿保机的母亲得到信息后，立即派人通知准备册礼的剌葛等人躲避。剌葛得到母亲送来的信息后，并没有束手待毙，而是立即派出两路人马，一路袭击芦水，趁阿保机行营空虚之机夺取了旗鼓，一路杀向西楼焚烧明王楼夺取了神帐，然后北逃大漠以期东山再起。阿保机分兵追击叛军，经过半年多的追剿才将叛乱初步平息，夺回了旗鼓和神帐，又经过一年多的审案处理，才将诸弟叛乱彻底平息。

这次叛乱人员达数万人，阿保机的母亲、妹

澶渊之盟

宋真宗景德元年（1004年），辽军大举南下，深入宋境。宋真宗在主战派寇准的劝说下，放弃了迁都逃遁的念头，勉强御驾亲征。战争中，宋军坚守辽军背后的城镇，又在澶州城下射杀辽将萧挞览。辽害怕腹背受敌，提出和议。宋真宗本来畏战，于是双方一拍即合，于1005年订立和约，规定宋每年送给辽岁币银10万两、绢20万匹。因澶州在宋朝亦称澶渊郡，故此次和谈史称"澶渊之盟"。此后，宋、辽之间百余年间不再有大规模的战事，礼尚往来，通使殷勤，双方互使共达三百八十次之多。因此"澶渊之盟"在客观上起到了保护生产、确保辽宋百姓安居乐业的作用。

走进千年辽上京

杨家将的故事

在传统文化中，关于杨家将抗辽的小说、剧本等文学作品不胜枚举。经过历代演义，杨家将越来越传奇，也越来越富有故事性。杨家将的主要人物杨业和佘赛华历史上确有其人，原为北汉将领，后归降赵匡胤建立的宋朝。因其世代居住在北边，了解游牧民族的生活习性，而且佘赛华本身就是鲜卑人后裔，所以逢有辽军南下，杨业便会领兵出战，但并不是主帅。后杨业以高龄战死，其子杨延昭继承了他的行伍生涯，也以作战勇猛著称。后来经过文人演义，出现了"七郎八虎"、"杨门女将"、"穆桂英挂帅"等脍炙人口的故事。

妹、义子等都参与了叛乱，参加叛乱的显贵者更是无以名记，契丹社会光马匹就损失十之七八；阿保机对叛乱人员的处理也是非常严厉的，一些显贵被处死，判刑6000余人，一次性处死300余人，有些部落甚至因参与叛乱而解体。但是，阿保机汗权并没有因此而稳固，诸弟叛乱平息不

久，诸部酋长又趁阿保机率军出征之机，以兵堵住阿保机回军道路，要求其履行可汗三年一代的祖制（915年）。

面对诸部酋长"以兵逼宫"，阿保机显得很沉着，没有与诸部兵戎相见，而是采取了以退为进之策，交出象征可汗权力的旗鼓，离开西楼到盐池（今河北古源附近）图谋良策。经过一段时间的谋划，阿保机采纳妻子述律平之策，设计将诸部酋长集中到盐池尽数诛之，然后以秋风扫落叶之势重新统一了八部。

阿保机平息诸弟叛乱，消除了迭剌部内的守旧势力，盐池计杀诸部酋长，又铲除了联盟内的守旧势力，从而为开国称帝扫清了障碍。

辽神册元年（916年）二月，即计杀诸部酋长重新统一八部不久，阿保机仿效中原传统的皇帝制度，在龙化州筑坛称帝，国号大契丹，年号神册，给自己上尊号为大圣大明天皇帝，给妻子述律平上尊号为应天大明地皇后，册封长子耶律倍

辽皇都城南墙残垣

为皇太子，正式建立契丹国家。

阿保机虽然是在龙化州筑坛称帝的，但并没有放弃以西楼为政治中心，两年后即神册三年（918年）二月，便命汉臣康默记在西楼临潢以龙眉宫为中心建筑了皇都城。康默记也不负所望，只用百天就完成了皇都城的

辽帖金素旋密檐法舍利塔

主体（城墙）建筑，从此辽上京地区又多了一个称谓——皇都。

皇都城的营建，标志着西楼正式代替东楼（龙化州）成为契丹国家的政治中心（东楼即龙化州是阿保机在契丹本土所建筑的第一个私城，是阿保机代遥辇氏

为契丹可汗并进而开国称帝的物质基础，同时也是阿保机担任契丹可汗到建筑皇都城十二年，即907年至918年间的实际政治中心）。

辽王朝皇都城的营建，在契丹及北方游牧民族发展史上都具有划时代的意义。首先，皇都城的营建直接奠定了以契丹族为主体的大辽王朝二百余年根基。契丹建国前，契丹本土就散居着一些汉人，这些汉人或是契丹贵族从中原抢掠而来，或是中原汉人为了躲避战乱逃入契丹。这些汉人来到契丹后，由于不习惯游牧生活，有些便又跑回了中原。为了使这些汉人安心地在契

辽显州城南门

丹生活下来，阿保机采纳汉族知识分子的建议，实行"因俗而治，各得适宜"政策，如拨给汉人土地从事农业生产，允许汉人盖房定住、娶妻生子，汉人犯罪仍然适用中原法律等等，这些政策在很大程度上稳定了汉人人心，使他们安心地在契丹生活下来。这种政策在契丹建国前、汉人数量不是很多的情况下，能够

辽皇都城乾德门（西门）遗址

辽铜长颈瓶

起到有效的鼓励作用。契丹建国后，随着汉人的增多，汉人与契丹人的矛盾逐渐显现出来，如何来管理汉人和处理汉人与契丹人的矛盾，便成为契丹国家必须要解决的问题。而中原文化和游牧文化的一个很大的差异，就是对国家的认知不同。中原人对国家的认知是皇帝、皇都、官衙；游牧民族对国家的认知是可汗、斡鲁朵。因此，要想让大量的汉人在契丹定居下来，就必须让汉人感到在契丹生活就如同在中原一样，即要给汉人创造一个可认知的国家环境，而不是让汉人适应游牧政权的统治。皇都的营建，无疑是给了汉人一个可认知的国家环境。

事实也是如此，皇都城建成后，不仅使大量的汉人和渤海人安心地定居在皇都周边，而且还吸引了大量汉和渤海等族知识分子进入契丹政权为官。辽太祖和辽太宗父子则以皇都为中心，进一步仿效中原之制，设置州县来安置和管理汉人及渤海人；引进中原官制来安排汉和渤海等族中有志于在契丹为官的知识分子（如皇都建成后，汉人康默记便出任首任皇都夷离毕，负责皇都地区政务；辽太祖设置汉儿司来专门管理汉人事务，汉人韩知古则出任首任总知汉儿司事，总理汉儿司事务）；仿效汉字创制契丹文字，并把汉

辽代花押印章

辽皇都城东门遗址

石刻观音像

语言文字作为契丹国家官方语言文字等等。

实践证明，以契丹族为主体的大辽王朝能够立世200余年的一个很重要的因素，就是契丹政权是一个以契丹贵族为主、联合汉族等其他民族的上层人士所组成的政权，而皇都城的营建，无疑是吸纳汉族等知识分子在辽王朝从政的关键因素。从这个意义上来说，契丹皇都城的营建直接奠定了契丹大辽王朝200余年根基。

其次，契丹皇都城的营建改变了北方游牧民族传统的生产方式，促进了北方游牧民族社会的多元化和进步，增进了民族间的融合和认同感。辽王朝建立之前，北方大漠草原上曾先后崛起过匈奴、鲜卑、柔然、突厥、回鹘等汗国政权，这些汗国政权又都无一例外地不断出兵抢掠中原，妄想着在中原抢块地盘甚或是夺取中原政权的皇都，汗国所辖地域内也多为单一的游牧生产方式；只有阿保机所建立的契丹政权，营建了自己的皇都，从而把中原人吸引到大漠草原来。

毋庸置疑，在当时的时代背景下，中原的一些生产方式无疑要比北方的游牧民族生产方式先进，中原人大量涌入大漠草原，必然要对大漠草原地区原始的生产（包括生活）方式产生冲击，而事物发展规律决定了先进事物必然要代替后进事物。

大漠草原上出现的大量汉城、农业产业、手工业、工商业等等，无疑会改变游牧民族单一的畜牧生产（包括生活）方式，从而促进了游牧民族社会的进步，增进了民族间的认同

辽代象牙雕佛像

辽代滑石石狮子

77

感。从这个意义上来说，辽王朝皇都的营建，不仅促进了契丹社会的进步、大漠草原的经济繁荣、增进了民族间的认同感，而且为后来游牧民族建立政权提供了"蓝本"。如女真人（金朝）在迁都北京前便营建了皇都（即金上京，今黑龙江省阿城），蒙古人在入主中原、定都北京前也营建了皇都（即元上都，今内蒙正蓝旗境内），满族人入主中原、定都北京前也营建了皇都（即清盛京，今辽宁省沈阳市）。

辽铜鎏金梵文

五、上京

在契丹民族崛起建国的过程中，中原的大唐王朝却日薄西山，完成了历史使命。在阿保机担任契丹可汗（907年1月）4个月后，大军阀朱温也

辽庆州城墙断面

代唐建立了五代中第一个朝代——后梁（907年4月），中国历史正式进入长达半个多世纪的五代十国时期。但是，后梁政权只存世16年便被沙陀人李存勖所建立的后唐政权所取代（923年），不过后唐政权也不长，只运转10年便发生了内乱。

辽天显八年（933年）后唐明宗李嗣源病逝，其儿子、义子、女婿们开始争夺皇权。在内讧过程中，

辽代玉雕饰件

辽壁画"仪卫图"（敖汉旗出土）

《丹藏》

自佛教传入契丹，历朝皇帝对其甚为笃信，热衷于寺院建设、佛经刊刻。辽兴宗时开雕的藏经尤为著名。辽兴宗时，组织人手在《开宝藏》天禧修订本的基础上增收了《华严经随品赞》、《一切佛菩萨名集》、《随愿往生集》、《释摩诃衍论》、《大日经义释》、《大日经义释演秘钞》、《释教最上乘秘密藏陀罗尼集》译本，先后历时30余年刻成了《丹藏》。《丹藏》又称《辽藏》是一部卷帙浩繁的佛教文化典籍，它的刊印与流布是辽代中晚期社会文化与宗教活动中的一件大事，在佛教传播史和佛经整理、校勘上也是一件盛事。

年11月）。

石敬瑭借契丹之力当上中原皇帝后，兑现前言，于辽会同元年（938年）把燕云十六州地籍送到"父皇帝"辽太宗手中。辽太宗鉴于燕云地区的并入，版图疆域的扩大，农业人口的增加，遂改年号为会同，改国号为大辽，把皇都升为上京，幽州（今北京）升为南京，南京（今辽宁省辽阳市，928年辽太宗为了控制东丹国王、皇兄耶律倍，将东丹国〈辽太祖灭亡渤海国后，将渤海国改为东丹国，任命时为皇太子的长子耶律倍

义子李从珂夺得皇权，女婿石敬瑭不服，遂于936年以向契丹称儿称臣割让燕云十六州为条件，结契丹为外援争夺中原龙椅。辽太宗正对燕云地区虎视眈眈，立即挥兵南下，灭亡了后唐政权，把"儿皇帝"石敬瑭扶上中原龙椅，建立了五代中第三个朝代——后晋（936

辽铜铙（现存宁城县博物馆）

《龙龛手鉴》

　　辽代行均和尚所著的一部汉字字书。行均字广济，俗姓于氏，在五台山金河寺出家为僧。书中凡部首之字以平、上、去、入为序，各部之字复用四声列之。后南宋李焘作《说文五音韵谱》，沿用着这种分类法。全书共收二万六千四百多字，注释十六万三千多字。行均和尚收录了当时实际读音和通用字体，更为难能可贵的是收入了民间通行的俗字，为后世研究汉字的发展史留下了宝贵的资料。此书曾传入宋朝，在浙江雕版。

辽上京城遗址内出土辽代扑满

　　为东丹国人皇王主政东丹国〉首都从原渤海国地区迁到辽阳，同时升辽阳为南京）改为东京，从此上京城作为大辽王朝首都至被金兵攻陷（1120年），计202年（918年——1120年）。

辽奉国寺内石狮

京府州县城

辽王朝地方行政建制基本上沿袭唐及五代制度，划分为京、府、州、军、县、城等单位，大体上可分为京府州—州军—县城三级，这三级行政建制在同一区划内并无严格的隶属关系，有的有隶属关系，有的没有隶属关系。《辽史》载辽王朝"总京五，府六，州、军、城百五十有六，县二百有九。"上京临潢府"辖军、府、州、城二十五，统县十。"不过，从考古发现来看，有辽一代府州县城数要远远地超过这个数字。现结合考古发现，将辽代位于今巴林左旗境内的京府州县城等简述如下。

一、上京城

有辽一代，建有上京、东京、南京、中京、西京等五京。上京城为首都，其他四京城为陪都；其中，上京城、中京城是辽王朝自主建筑的都城，东京城、南京城、西京城是"修葺旧城"而升格为陪都。

东京，治今辽宁省辽阳市，辖府、州、军、城87，县9，最早为周朝箕子（商纣王叔父）封

辽上京城遗址航拍图

地，春秋战国时期为燕国属地，始置东平郡、襄平县。唐朝末年归契丹所有（辽阳归属契丹的具体时间史籍不载，《辽史》载辽太祖阿保机曾于909年正月巡视辽东，辽阳归属契丹时间当在是年之前）。辽神册四年（919年）辽太祖阿保机修葺辽阳旧城，迁汉、渤海等民户于此地，改称东平郡；辽天显三年（928年）辽太宗耶律德光扩建辽阳城，将东丹国（原渤海国）迁到这里，升东平郡为南京；辽会同元年（938年）辽太宗获取燕云十六州后，将辽阳南京改为东京设辽阳府，主要功能是管辖辽东地区的渤海人，防御高丽；辽天庆六年（1116年）5月东京城被女真人攻陷，作为辽王朝陪都计188年（928年～1116年）。

南京，治今北京市，辖州6、县11。最早为古冀州之地，周代称燕，春秋战国时期为燕国首都称燕都或燕京，秦时设广阳郡，东汉正式设置幽州，隋朝时改称涿郡，唐朝复称幽州；辽会同元年（938年）儿皇帝石敬瑭将燕云十六州割让给契丹，辽太宗将幽州升为南京设幽都府，亦称燕京（此为北京建都之始），辽开泰元年（1012年）

辽上京皇城内辽太祖开国碑龟趺

辽中京城内半截塔，建于辽道宗清宁三年
（1057 年），1290 年地震中倒塌。

画家胡瓌

　　胡瓌，契丹人，擅作北方游牧民族牧马、驰猎等生活题材。胡瓌的画作用笔清劲，构图巧密，人物气质犷悍，形象各异，尤工画马，骨骼俶状生动有神。梅尧臣尝题其《胡人下马图》云"毡庐鼎列帐幕围，鼓角未吹惊塞鸿，"尽现塞外寒漠之景。《宣和画谱》所藏其作品有《卓歇图》、《牧马图》、《番骑图》等65件。传世作品有《卓歇图》卷，绢本，设色，纵33厘米，横256厘米，卷后有清代高士奇、张照等人题跋。现藏故宫博物院。

辽上京大内遗址

　　辽圣宗将南京幽都府改称南京析津府，主要功能是管辖燕云地区的汉人，防御北宋；辽保大二年（1122年）12月辽南京城被金兵攻陷，作为辽王朝陪都计184年（938年～1122年）。

　　中京，治今赤峰市宁城县大明镇（辽中京城遗址即今大明镇古城址），辖州10，县9。最早为古营州之地，秦为辽西郡地，汉为右北平郡地，隋置柳城郡，唐为库莫奚部落联盟首领牙帐地；辽太祖五年（911年）阿保机以兵征服奚族（即库莫奚），将奚族析分为六部纳入契丹属部，保留奚族原有的统治方式，仍由奚王统治，此地仍为奚王牙帐地；辽统和二十四年（1006年，一说为统和二十年，即1002年），奚王在辽廷压力下献出牙帐地，第二年（1007年）辽圣宗于此地建中京城设大定府，主要功能是管理奚族及经济、财税，接待北宋、西夏、高丽等使臣；辽保大二年（1122年）正月中京城被金兵攻陷，作为辽王朝陪都计184年（938年～1122年）。

辽代供养人石雕像

辽降圣州（辽穆宗所建）佛塔（位于敖汉旗境内）

西京，治今山西省大同市，辖州2，县7，最早为古冀州之地，周代为北狄族居地，春秋战国时为赵国属地，秦代分属雁门郡、代郡设立平城，汉朝设平城县为代国（西汉诸侯国之一）都城，南北朝时为北魏前期都城（后迁都洛阳），

辽代"大康八年"骨灰匣盖

唐代为云州；辽会同元年（938年）儿皇帝石敬瑭将燕云十六州割让给契丹，云州纳入契丹版图，辽重熙十三年（1044年）辽兴宗升云州为西京设大同府，主要功能是防御西夏；辽保大二年（1122年）西京城被金兵攻陷，作为辽王朝陪都计78年（1044年——1122年）。

上京，治今巴林左旗林东镇，辽上京城址即今巴林左旗林东镇南面古城遗址。上京是辽王朝耶律氏皇族祖籍地、辽太祖创业开国地，上京城在五京城中兴建最早，主要由辽太祖、辽太宗父子两朝建筑完成，从建筑到废弃大体上经历了以下几个阶段。

草创阶段（901年之前） 主要指辽太祖阿保机担任迭剌部夷离堇之前，即阿保机祖、父辈们执掌迭剌部权柄时期。时值唐王朝末期，中原纷乱，为契丹等游牧民族南下提供了契机。阿保机的祖、父辈们率领契丹八部兵马不断南下抢掠，将幽蓟地区的汉人俘虏到上京地区定居，从而使这里出现了中原汉式屋邑和手工业作坊，为建筑城池提供了条件。

初创阶段（901年至918年） 阿保机担任迭剌部首领及契丹八部兵马最高统帅（901年）后，

辽上京北墙残垣

大规模对外征伐，使上京地区人口获得突飞猛进增长的同时，在这里建筑龙眉宫作为政治大本营，加快攫取契丹汗权步伐，并最终取遥辇氏而代之。此后阿保机逐步将契丹汗国统治中心从龙化州西迁到龙眉宫之地，为了有所区别，原来的统治中心龙化州称为东楼，新的统治中心龙眉宫称为西楼，并先后又在这里建起了明王楼（908年）、天雄寺（912年）、开皇殿（914年）等汉式建筑和宫殿，为建筑皇都城奠定了基础。

兴建阶段（918年至938年） 辽神册元年（916年），阿保机虽然在龙化州开国称帝，却把契丹汗国的统治中心选在了西楼。在随后的两年间，阿保机多次出兵幽云地区，将抢掠来的大量人口和物资充实到西楼，为建筑皇都城准备了人力和物力。

辽神册三年（918年）2月，阿保机下诏任命汉人康默记为皇都城版筑使，开始建筑皇都城。康默记也不负所望，只用了百天便完成了皇都城的主体（城墙）建筑。

整座皇都城按照契丹族崇日尚东习俗，坐西朝东，夯土版筑而成。北、东、南三面城墙均为直线，西城墙南北两端内折，形成不规则的六角形，如同椅状（龙眉宫位于"椅背"处，开皇殿

辽壁画"侍卫图"（敖汉旗出土）

位于皇都城中部偏北的丘冈上），设有四门。北门曰拱辰，东门曰安东，南门曰大顺，西门曰乾德。皇都城周长6398.63米，其中，东城墙长1467米，北城墙长1485.8米，西城墙北段斜折墙长422米，南段斜折墙长359米，中段直线城墙长1063.1米，南城墙长1601.73米。

从此，阿保机以西楼皇都为建设重点，在东征西讨南掠、开疆拓土的同时，加快西楼皇都的建设步伐，在皇都城里相继建筑孔庙、佛寺、道观及其他建筑的同时，还在皇都周边设置州县来

辽上京汉城城墙残垣

安置从中原地区掠来的汉人（如临潢县、潞县等），从而使西楼皇都地区聚居了大量的农业人口，而农业人口的增加，又极大地促进了皇都地区的开发和繁荣。

辽天赞四年末（925年），阿保机举全国之兵马东征渤海国，只用了半个月的时间就把立国二百余年的渤海国灭亡。随后，阿保机把大量的渤海人迁到西楼皇都城周边，使她们与先期来到这里的汉人杂居在一起（辽圣宗时以这些渤海人和汉人为基础，相继设置了长泰县、定霸县、保和县、宣化县等），使西楼皇都地区的农业人口得到突飞猛进地增长。不料天有不测风云，人有旦夕祸

辽崇兴寺内大钟

福，阿保机从渤海地区回军途中，突然病逝于扶余府（今吉林省农安），由其次子耶律德光继承皇位，是为辽太宗。

辽太宗继承皇位后，利用从灭亡渤海国战争中所得到的财富，也为了安置以渤海国王大諲撰为首的渤海国诸显贵，开始对皇都城大规模地"展郛郭，建宫室"，后来又多次扩建皇都城，至契丹获取燕云十六州、升皇都为上京（938年），上京城建设才告一段落。

上京城经过辽太祖、辽太宗父子两人整整二十年（918年至938年）的建设已经趋于完备，形成大内（宫城）、皇城（内城）、郛郭（外城）三重环护的大国都城格局。整座皇都城总体平面略呈"日"字形，由北南二城组成，北城为皇城（以辽太祖所建皇都城为框架），南城为汉城（由辽太宗扩建，郛郭的重要组成部分）。

皇城城墙高三丈（辽太祖所建皇都城墙

辽兴宗朝钱币

87

辽代"福"字花押印

城南墙，向皇城外围展开，与皇城外城连接形成圈护态势，从而使汉城作为皇城的郭郭，起到保护皇城的作用。汉城主要是汉族及其他民族人聚居区域，辽上京所辖十县中有八个县的县衙设在汉城；同时汉城还是西楼地区最大的经济贸易市场和手工业作坊聚集区域，专门设有供西域及其他民族商人来西楼皇都经商做买卖的场所（如回鹘营等）及建有接待西夏等国使臣的驿馆等。

不到此高度，辽太宗在原城墙的基础上加厚增高到此高度），有45个马面及楼橹（辽太祖所建皇都城墙没有马面和楼橹，此为辽太宗增筑），仍设有四门；皇城内西山冈为辽太祖与妻子述律平的宴寝之所——日月宫（阿保机病逝后，耶律德光在此建日、月两碑以铭记父皇母后的功德）；皇城中部偏北丘冈为大内，建有开皇、安德、五銮、宣政、昭德等五大宫殿及专门安置庐帐的场所；皇城内的其他区域则按官衙、宅院、寺庙、作坊仓库等划区，建筑相关的建筑物。

郭郭（辽太宗增筑）是皇都城的外城，除汉

辽代鎏金纹冠

城外，在皇城的西、东、北三侧还建有相应的临城建筑，其中西侧用以囚禁渤海国王大諲撰的小城（详见渤海王囚城节）就是皇都城之郭郭建筑之一；同时皇都城的北、东两面还建有护城河（沙河在皇都城西、南两面形成天然的护城河，而北、东两面护城河也有可能是引渡沙河或其支流而成）。

汉城（即南城，辽太宗所建）城墙高二丈，没有马面敌楼翁城等设置，夯土版筑而成，略呈方形。东城墙长1290米，西墙城长1220米，南城墙长1610米，三面城墙合计长为4120米。北面没有单独城墙，东西两面城墙间距大于皇

辽壁画《驼车归来图》（敖汉旗出土）

使用阶段（938年至1120年）上京城自

辽太宗升皇都为上京（938年）基本定型，开始进入使用阶段，以后辽廷诸帝虽然对上京城也都进行了建设和完善，但都是在辽太宗朝上京城原有框架内进行的，没有再搞什么大规模的建筑工程，一直到上京城被金兵攻陷（1120年），上京城作为辽王朝首都计202年（从918年皇都城建成算起）。在这200余年的时间里，上京城作为当时世界性商业都会，不仅仅是辽王朝政治、经济、文化中心，而且也是当时东北亚政治、经济、文化、宗教中心，契丹辽文化发源地。

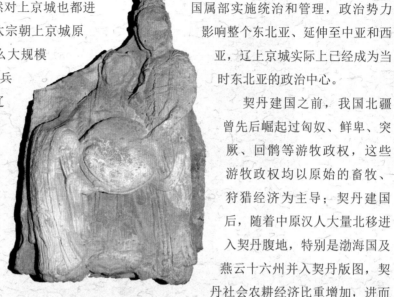

辽代击鼓侍女石雕

辽王朝鼎盛时期版图"东至于海（今鄂霍次克海、日本海），西至金山（今阿尔泰山），暨于流沙，北至胪朐河（今克鲁伦河），南至白沟（今河北巨马河），幅员万里"。"部族五十有二，属国六十"。辽王朝首都辽上京在东北亚，版图面积重心在东北亚，诸属国属部主要也分布于东北亚及中亚、西亚地区。一方面，诸属国属部眼睛要瞄着辽上京，心里要想着辽上京，每年或隔年向辽廷朝贡，以表示归附辽王朝，辽上京城内专门建有接待诸属国属部首领、使臣、信使的驿馆（详见同文驿、临潢驿节）；一方面，辽廷以上京城为政治中心向诸属国属部发号施令，或册封诸属国属部首领为王、或派

契丹人到诸属国属部为首领，对诸属国属部实施统治和管理，政治势力影响整个东北亚、延伸至中亚和西亚，辽上京城实际上已经成为当时东北亚的政治中心。

契丹建国之前，我国北疆曾先后崛起过匈奴、鲜卑、突厥、回鹘等游牧政权，这些游牧政权均以原始的畜牧、狩猎经济为主导；契丹建国后，随着中原汉人大量北移进入契丹腹地，特别是渤海国及燕云十六州并入契丹版图，契丹社会农耕经济比重增加，进而促进契丹社会向多种经济发展。

就辽五京而言，东京、南京、西京、中京等四京所辖区域是后来并入契丹版图的，是因人因事而设京城，四京官也是随宜而设，即东京为管理渤海人而设，南京为管理燕云地区的汉人而设，西京为管理汉人和防御西夏而设，中京为管理奚族人而设，这四京在并入契丹版图前农耕和手工业经济就比较发达，并入契丹版图后遂成为辽王朝主要粮食生产和赋税地区（东京所辖女真人部落除外），仍然以农耕和手工业为主导产业。五京中唯有上京是多种经济的汇聚地。一方面，上京是契丹腹地，在契丹建国以前以单一的游牧经济为主导，契丹建国前后，随着中原汉人及农耕产业的北移，上京地区不仅发展

辽白玉马坠饰

辽兴中府佛塔（朝阳南塔），建筑于辽道宗年间，是仿北塔（朝阳北塔）而建

走进千年辽上京

峤曾于辽世宗朝初（947年）到过辽上京，在这里生活了七年时间，回到中原后著有《陷北记》，记载了在契丹的见闻，其文中记有"上京西楼有邑屋市肆，交易无钱而用布。有绫锦诸工作、宦者、翰林、伎术、教坊、角抵、儒、僧尼、道士。中国人并、汾、幽、蓟为多"。胡峤所说的"上京西楼邑屋市肆"显然是指辽上京的汉城，说明辽太宗朝以上京汉城为中心的经济贸易已经有了相当的规模。一方面，上京城内建有接待诸属国属部首领、使臣、信使的馆驿，诸属国属部到上京城向辽廷贡品、贺仪的同时，辽帝后也必然要回赐、答礼，自然就发生了经济交换。更主要的是，在诸属国属部前来辽上京朝贡的信使中，往往掺杂有不少商人，或冒充信使的商队，这些人来上京城的目的只有一个，那就是商业贸易。一方面，辽上京城是当时草原丝绸之路的东端，有辽一代，日本、高丽、北宋、南唐、吴越、西夏、吐蕃、吐谷浑、甘州回鹘、高昌回

为典型的半农半牧区，而且手工业、商业贸易也逐渐发展起来。根据史籍记载，辽王朝最早铸造用以交换、贸易媒介的通货，是辽太祖天赞年间所铸造的钱币，其时契丹刚刚建国，只有上京一座都城，辽太祖所铸钱币显然主要是在上京流通，说明当时的上京地区已经有了交换贸易和用以商品交换的市肆。五代时期，后晋人胡

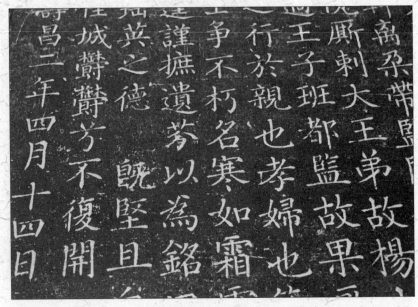

耶律弘世汉文墓志

鹘、阿萨兰回鹘、波斯、大食以及西域各国和北族各部，前来辽上京朝贡和通商的官方使团、民间商队，踵武相继，络绎于途，这其中又以回鹘商贩为草原丝绸之路上的主力军，辽廷为了给回鹘商贩提供便利，特意在上京汉城内设置了回鹘营，供回鹘商贩居住和从事商贸活动（详见回鹘营节）。因此，我们完全可以这样说：辽上京城是当时举世瞩目的世界性商业都会，是当时东北

辽白釉鸡冠执壶（巴林左旗出土）

亚经济中心。

契丹族原来信奉萨满教，建国后随着儒、佛、道等教的传入，儒、释、道、萨满等教在契丹社会都大行其市，并行不悖，尤以佛教为盛，辽道宗朝僧尼达数十万之众，甚至出现"一岁而饭僧三十六万，一日而祝发三千"的佛教景观。因此有辽史研究者认为，公元十世纪至十二世纪，世界佛教文化中心在东亚，而东亚佛教文化中心在辽帝国而不在宋，此话有一定的道理。辽上京城作为辽王朝首都，自然是辽王朝的宗教文化中心。根据《辽史》记载，辽上京城内至少建

直鲁古

辽代名医，本为吐谷浑人，其父以医术高明著称，据说骑在马上就能为人察看病症，并且准确不误。直鲁古幼年在战乱中与其父失散，被辽太祖耶律阿保机收养，成年后承继其父，苦心钻研医学，总结亲身的医疗经验，著成《脉诀》和《针灸书》，尤其擅长针灸。直鲁古还是一位长寿的医学家，享年90岁高龄。据文献记载，在明代的《世善堂藏书目录》中，曾有直鲁古著作的目录，可见在明代他的著作还流传于世。

有天雄寺、义节寺、龙寺、崇孝寺、安国寺、贝圣尼寺、福先寺、天长观、孔子庙等寺庙道观；考古发现，辽上京城周围还建有开教寺、弘法寺、弘福寺、开化寺、开龙寺、真寂之寺、宝积寺、开悟寺等寺院。在一座城池内外建有如此众多的寺庙道观，在世界历史上也实属罕见。辽太宗曾在上京一次饭僧五万人，辽圣宗曾在上京开龙寺一个月饭僧万人。由此可知，辽代时辽上京

辽代"寿昌元宝"铜币

第四章　京府州县城

91

而使辽上京城成为多元文化交流和融合中心。正是这种多民族汇聚，多元文化交流与融合，催生出了独具特色的契丹辽文化。契丹文字便是参考汉文字和回鹘语言创制而成；汉语言文字与契丹语言文字同为辽王朝官方语言文字，并行不悖；辽王朝统治者根据多民族汇聚特点，建国伊始便

辽代白釉三鱼纹碗

城内外佛寺道观之多，僧人道士之众。根据《辽史》及辽上京附近出土的辽代著名僧人《鲜演墓碑》（详见鲜演墓节）记载，辽代时僧尼为官者不在少数，佛学著作也颇有建树，不仅对高丽、西夏、日本、宋朝等邻邦具有较大的影响，而且还远播中亚、西亚。因此，我们说有辽一代，辽上京城不仅是辽王朝的宗教文化中心，而且也是当时东北亚的宗教文化中心。

有辽一代，辽上京城作为辽王朝及当时东北亚的政治、经济、宗教中心，是多民族汇聚地，是多元文化交流和融合中心，是契丹辽文化的发源地。一方面，上京北城（皇城）内建有辽廷帝后居住工作及番汉群办公的中原式宫殿和草原式穹帐，是辽王朝以契丹族为代表的游牧政治文化与以汉族知识分子为代表的中原政治文化交流和融合中心；上京南城（汉城）是以汉族为主的多民族汇聚和经济贸易场所，长着不同肤色、操着不同语言、穿着不同服饰、生活习俗和宗教信仰不一的各族民众生活在这里，从而又使上京汉城成为多民族文化交流和融合中心。一方面，诸属国属部前来辽上京城朝贡的使臣及经商做买卖的商人，自然地也要将本民族的文化带到这里，从

辽代上京临潢府军器库印

契丹文字

契丹语属阿尔泰语系，契丹文字史上出现过两种，分别称为"契丹大字"和"契丹小字"。辽太祖耶律阿保机建立政权后，命耶律突吕不和耶律鲁古不等参酌的汉字笔画部首，于920年创制了契丹文字，史称"契丹大字"。现存契丹大字材料，只有近20块碑刻、墓志资料、器物铭文、钱文及山崖石刻。后因字数太多，不便掌握，辽太祖又命皇弟迭剌，参照回鹘拼音文字的方法，创制了一种新文字，史称"契丹小字"。契丹小字是一种拼音文字，有表音符号300多个，采用若干原字拼在一起的方法来记录契丹语。

辽壁画乘鹤飞天（巴林左旗辽墓出土）

确立了"以国制治契丹，以汉制待汉人"的"因俗而治，各得适宜"的基本国策，进而创造了独具特色的官分南北的"双轨"政治制度等等。可以说，正是辽上京城的兴建，改变了契丹族乃至北方诸少数民族单一的游牧政权形式及生产生活方

式，催生出了契丹辽王朝所独有的以多元政治、经济、文化、宗教为特色的契丹辽文化，进而谱写了中国历史新篇章，也谱写了东北亚历史新篇章。

废弃阶段（1120年至1230年） 辽天庆十年（1120年）辽上京城被金兵攻陷，金仍保留上京称号；金熙宗天眷元年（1138年）辽上京称谓被取消，改称金北京；金海陵王天德二年（1150年）去京号，改称金临潢府路；金贞元元年（1153年）金升原辽中京为北京，辽上京降为金北京（今赤峰宁城大明镇，即辽代中京）临潢路提刑司，从此沦为金朝与蒙古部族接壤的边陲小镇。1215年，契丹人耶律留哥叛金降蒙，被成吉思汗册封为辽王，占有辽上京故地；1230年元太宗窝阔台撤辽王藩，迁其民于别处，辽上京城彻底废弃，逐渐变为废墟，成为蒙古人的放牧地，从此淡出世人视野数百年；一直到1864年，清朝史学家张穆重新发现辽上京城遗址。1961年，辽上京城址被列为全国第一批文物保护单位。

辽上京城作为大辽王朝200余年首都，对契丹民族、中华民族的发展都具有重大而深远的意义。

首先，辽上京城是大辽王朝维系200余年统治的重要基础。

辽有五京，就地理位置而言，上京城位于最北方；就经济发达程度而言，南京（今北京）和中京（今赤峰宁城县境内）都要比上京繁荣；就交通运输

辽代"世泽堂"铜印

条件而言，南京和中京也要比上京方便得多。但是，辽廷却没有将政治中心南移到中京或南京，而是始终把上京城作为首都，说明辽廷的统治者们并没有放弃大漠草原这一立国根本，而是把大漠草原仍然作为重点加以经营。契丹大辽王朝是以契丹族为主体的多民族政权，从开国皇帝阿保机到辽廷诸帝都奉行"以汉制待汉人，以国制治契丹"的治国方略，而辽上京城正是这种治国方略的物化象征。也就是说，由于辽上京城作为大辽王朝首都的存在，从而使辽廷"以汉制待汉人，以国制治契丹"、"官分南北，胡汉分制"国策得以很好地贯彻落实，从而维系了大辽王朝200余年的统治。

其次，辽上京城的存在对中华国家的形成发挥了巨大的作用。自战国至五代的近两千年间，长城沿线始终是南方中原文化（以汉族和农业为代表）与北方草原文化（以游牧民族和畜牧业为代表）相互碰撞交融地带。辽上京城的出现，使中原文化大规模北移到以辽上京城为中心的大漠草原地区，极大地促进了契丹社会的进步，使契丹大辽王朝迅速崛起，发展成为东北亚地区最强大的政

辽代佛造像

辽墓壁画侍卫图

权，不仅"东朝高丽、西臣夏国、南子石晋而兄弟赵宋。吴越南唐航海输贡"，而且其政治影响力还远推至中亚和西亚地区；辽上京城不仅成为当时国际性大都市，而且还将中原文化传播开来，使大辽王朝成为中国传统的主权国家。同时，辽上京城的存在，使大辽王朝对大漠草原实施了200余年的统治，从而开发、拓展、稳固了我国北部疆域，为后来的金、元、清等朝代实施对我国北疆的统治奠定了基础。

再次，辽上京城的存在对中华民族的形成发挥了不容忽视的作用。辽上京城作为契丹大辽王朝首都，将中原文化从长城南，北移到大漠草原，不仅促进了中原文化和草原文化的交流和融合，而且促进了民族间的交流和融合，增强了各民族间的认同感，使民族

走进千年辽上京

间的隔阂和差异趋于削减，对中华民族的形成发挥了不容忽视的作用。

二、上京临潢府

有辽一代，设五京为地方最高行政区划单位，五京分设五府为最高行政机关，上京设临潢府为最高行政机关，最高长官为上京留守。上京留守兼行临潢府伊事，集军政司法大权于一身，是上京行政区域内最高行政军事司法长官，上京临潢府衙设在上京皇城（北城）内。

上京临潢府所辖行政区域以现在的地理位置大致为东至嫩江、第二松花江，南至辽西彰武、阜新，北至外兴安岭和贝加尔湖，西至阿尔泰山和额尔济斯河，面积为辽王朝总面积的四分之三强。出现这样的情况，主要缘由是因为五京设置和功能有所不同。东京是契丹灭亡渤海国后所置，管辖区域以原渤海国版图为主，主要功能是

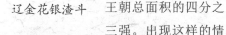

辽金花银渣斗

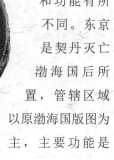

辽道宗朝钱币

辽代瓷玩具

统治辽东及东北地区的渤海人和女真人，控御朝鲜半岛上的高丽国；南京是石敬瑭割让燕云十六州后所置，管辖区域为原燕云十六州区域，主要功能是统治燕云地区的汉人，控御北宋；西京是专门为控御西夏国所置，管辖区域为燕云十六州一部分和西南边陲的党项诸部；中京是辽廷将奚族完全纳入辽王朝统治体制后所置，管辖区域以奚族居住区域为主，主要功能是统治奚族，接待北宋、西夏、高丽使臣等；上京兴建最早，位于契丹本土，不仅管辖契丹建国前的固有领土和诸部，而且管辖所征服的大漠草原地区和诸部。进

一步来说，上京是辽王朝仿效中原封建帝制而特意设置的首都，是辽王朝的政治、经济、文化中心，其他四京则是因事因人而设的陪都，因此上京潢临府所辖行政区域远远地大于其他四京。

根据《辽史·地理志》记载，上京临潢府辖11个州（其中，节度州8个，刺史州2个，观察州1个）、16个头下州、9个边防州城、10个县，大致10万户、50万口人（此人口数字为以汉、渤海为主从事农耕产业人口，不包括契丹等游牧民族及9个边防州城人口）。

11个州为：祖州（节度州），治今巴林左旗石房子村，详见下文祖州节；怀州（节度州），治今巴林右旗岗根苏木境内；庆州（节度州），治今巴林右旗索博力嘎苏木境内；泰州（节度州），治今黑龙江省齐齐哈尔市泰来县境内；长春州（节度州），治今吉林省前郭尔罗斯蒙古族自治县境内；乌州（刺史州），治今巴林左旗乌兰达坝苏木境内，详见下文乌州节；永州（观察州），治今翁牛特旗境内西拉沐沦河与老哈河合流处；仪坤州（节度州），治今克什克腾旗境内；龙化州（节度州），治今内蒙古奈曼旗西北八仙筒附近；降圣州（刺史州），治今敖汉旗境内；饶州（节度州），治今林西县境内。

16个头下州为：徽州、成州、懿州、顺州、闾州，以上五州均在辽宁省

阜新境内；渭州、壕州、横州，以上三州在辽宁彰武境内；原州，治今辽宁康平县境内；福州，治今内蒙古科尔沁旗左翼旗境内；凤州，治今吉林公主岭市境内；遂州，治今吉林双辽县境内；丰州，治今翁牛特旗境内；松山州，待考，应在今

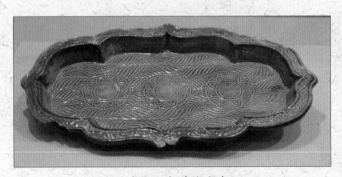

辽代绿釉印花海棠盘

辽崇兴寺双塔（建筑于辽道宗至辽天祚帝年间）（位于辽宁北镇城内）

耶律弘世（辽史名为耶律阿琏，辽道宗三弟，逝于 1096 年）汉文墓盖

辽代八角形三彩砚

巴林右旗境内；豫州，待考，应在今巴林左旗东北境与阿鲁科尔沁旗交界处；宁州，治今内蒙古扎鲁特旗境内。

9个边防州城为：静州，治今内蒙古科尔沁右翼前旗境内；镇州、维州、防州、董河城、皮被河城、招州、塔懒主城，以上七州城均在今蒙古国境内；静边城，治今内蒙古满州里附近。

10县为：临潢县、长泰县、定霸县、保和县、潞县、易俗县、迁辽县、渤海县、兴仁县、宣化县，以上十县治均在巴林左旗境内，详见下文。

辽王朝虽然设置五京将版图面积划分为五大行政区域，但在对地方管理上实行的却是"因俗而治"策略，因此地方行政单位也划分为两大类。具体来说，第一类是以契丹族为主体的游牧民族实行部族制管理，行政区划单位为石烈；第二类是以汉、渤海为主体的农耕民族实行中原式管理，其行政区划单位为京府州县。除此而外，五京内还存在着大量的隶属于辽帝后及王公贵戚私人所有的头下州县城。因此五京行政区划内的府州县城，并不全隶属于五京府管辖，有的有隶属关系，有的没有隶属关系。根据京府州县的隶属关系，大致可分为两种类型，即：国家所有州县，私人所有州县。

国家所有州县，即隶属于辽廷北、南两枢密院直接管辖的州县。就上京临潢府所辖11个州、16个头下州、9个边防州城、10个县而言，只有9个边防州城、10县中的6县

辽代石猴

为国家所有州县，隶属于辽廷北、南两枢密院管辖，其他州县为辽帝后及王公贵戚私人所有。

私人所有州县，即隶属于辽廷帝后、诸王、外戚、大臣私人所有的州县。隶属于辽廷帝后的州县，主要隶属于辽廷帝后的斡鲁朵（宫帐）管辖，亦称隶宫卫州县。斡鲁朵（宫帐）通常亦称宫卫，是由辽太祖阿保机创立的一种集政治、经济、军事于一体的、为皇帝私人服务的组织，辽太宗及以后诸帝即位后均效仿辽太祖"置宫卫，分州县，析部族，设官府，籍户口，备兵马"组建自己的斡鲁朵。斡鲁朵拥有自己的工作机构、军队和从事生产、服务的人员，辖有著帐户、宫分人和州县、石烈。著帐户由犯罪的宗室、外戚和大臣家属组成，是辽帝后的奴隶，主要承担仆役、侍从、警卫等非生产性的工作；宫分人亦称"宫户"多来源于战争俘虏和后妃的陪嫁人——媵臣，或由州县、部族中抽调及自愿附宫籍者，主要负责军事、经济工作；州县是辽帝组建斡鲁朵时，把一部分州县划归自己的斡鲁朵管辖（即"分州县"，亦即把部分州县划归皇帝私有），州县中的民户主要是汉、渤海人，称"蕃汉转户"；石烈是隶属于部族的行政建制单位，如同

现在的乡苏木，辽帝组建斡鲁朵时把一部分小部族从原来部族中析分出来组建新的石烈，划归自己的斡鲁朵管辖。通俗一点说，斡鲁朵管辖的州县民户主要是汉人、渤海人，称"蕃汉转房"，石烈民户主要是以契丹族为主体的游牧民族，称"正户"。

组建斡鲁朵（宫卫）是辽帝和摄政太后的特权，个别功高权重的皇族显贵也得以建立斡鲁朵。有辽一代共建有13个斡鲁朵（宫卫），分别是：辽太祖的算斡鲁朵，曰弘义宫，辖5州1县2石烈；辽太宗的国阿辇斡鲁朵，曰永兴宫，辖4州2县1石烈；辽世宗的耶鲁怨斡鲁朵，曰积庆宫，辖3州1县1石烈；应天皇太后述律平的蒲速怨斡鲁朵，曰长宁宫，辖4州3县1石烈；辽穆宗的夺里本斡鲁朵，曰延昌宫，辖2州1石烈；辽景宗的监母斡鲁朵，曰彰愍宫，辖4州2县2石烈；承天皇太后萧燕燕的孤稳斡鲁朵，曰崇德宫，辖4州1县3石烈；辽圣宗的女古斡鲁朵，曰兴圣宫，辖5州4石烈；辽兴宗的窝笃怨斡鲁朵，曰延庆宫，辖3州2石烈；辽道宗的阿思斡鲁朵，曰太和宫，辖2

辽代于越王城遗址内残砖断瓦

走进千年辽上京

石烈（辖州县情况不详）；辽天祚帝的阿鲁怨斡鲁朵，曰永昌宫，辖2石烈（辖州县情况不详）；辽圣宗之弟耶律隆庆的赤实得本斡鲁朵，曰敦睦宫，辖3州2石烈；大丞相耶律隆运（即韩德让）的文忠王府，辖1州。

上京临潢府所辖11州及10县中的4县均为辽帝后私有州县（这些州县的地理位置及隶属关系在辽中后期有所变化，有些州县在辽中后期隶属国家所有），其中，祖州隶属于辽太祖的弘义宫；怀州、保和县隶属于辽太宗的永兴宫；仪坤州、定霸县隶属于述律平的长宁宫；永州、龙化州、降圣州、宣化县隶属于辽景宗的彰愍宫（其中降圣州原来隶属于辽穆宗的延昌宫，后改隶彰愍宫）；潞县隶属于承天太后萧燕燕的崇德宫；庆州、乌州隶属于辽圣宗的兴圣宫；饶州、长春州、泰州隶属于辽兴宗的延庆宫。

辽白釉绿扣鸡冠壶
（巴林左旗出土）

辽墓壁画《侍卫图》

斡鲁朵作为辽帝后的私人组织，在辽帝后病逝后由皇后及直系子孙继承，主要职能转化为守陵。

隶属于诸王、外戚、大臣的州县，主要是头下州县（亦称头下军州，详见全州节），上京临潢府行政区划内的16个头下州均为辽廷诸王、外戚、大臣所建的私有州县。

根据《辽史·地理志》记载的情况来看，上京临潢府辖区内的州县城，只有临潢、长泰、迁辽、渤海、兴仁、易俗6县隶属于上京临潢府管辖，9个边防州城隶属于北枢密院管辖，为国家州县，其他州县为辽帝后及王公贵戚的私人州县。

三、于越王城

《辽史·地理志》祖州条载"越王城。太祖伯父于越王述鲁西伐党项、吐浑俘其民放牧于

辽中京感圣寺释迦佛舍利塔（俗称大明塔），
建于辽道宗寿昌四年（1098年）

辽代银盆

此，因建城。在州东南二十里。户一千"。根据这一史料，于越王城应该位于祖州东南10余公里、沙河之滨。但是，从考古调查来看，关于于越王城地点现有两种说法。

《巴林左旗志》载"于越王城位于查干哈达苏木伊斯营子东侧，查干哈达中学西墙外，距离祖州城址10.5公里，面积约1.8万平方米。遗址处曾发现低矮城墙和白釉粗胎瓷片，釉陶片以及铁钉、镞等物"。田广林先生在《辽上京的历史作用与现实意义》一文中则认为于越王城"位于祖州东南20里，即今巴林左旗哈达英格乡西店村北古城址。"也就是《巴林左旗志》所载的"哈达英格乡道班以北"小城址，"遗址周长约4里，有四门，墙迹不清，曾出土八思巴文铜印。"

对于以上两城址，笔者曾到实地进行过考察，查干哈达中学西墙外及附近并没有发现古城址，通过向巴林左旗辽上京博物馆原馆长金永田先生了解，查干哈达中学附近确实没有发现古城址，《巴林左旗志》所用资料是采用的伪满洲国时期日本人在巴林左旗考古调查资料；哈达英格乡道班（303国道）北有一处古城址，现今已经

辽朝的雕塑

辽朝的雕塑，有石雕和砖雕两种。石雕艺术，表现在开窟造像方面。在辽上京故址南20公里的真寂寺，石雕的佛像造型典雅，堪称佳作。玉石观音像更是辽代石雕中的艺术精品。辽代石雕造像，在上京和中京遗址均有遗存。辽代泥塑佛像在大同华严寺、蓟县独乐寺、应县佛宫寺、义县奉国寺等处都有完好的保存。朝阳北塔的砖雕力士、侍者、动物、莲花及五方如来佛像，栩栩如生，同样是辽代雕塑艺术中的上乘之作。

被辟为耕地，只存一段古城墙残迹和一处建筑遗址，当地人称之为"老城"，在建筑遗址处发现有辽代瓦砾，为辽代古城址无疑。此古城址北距离辽祖州约8公里，南距离沙河2～3公里，与《辽史》所载越王城"在（祖）州东南二十里"相符。笔者认为，这座古城址符合《辽史》关于于越王城的记载，应当就是于越王城遗址。

辽墓壁画"侍卫图"

辽代双童采莲铜镜

辇氏为契丹可汗，组建了契丹遥辇氏部落联盟。很显然，耶律雅里此举并非风格高尚，而是以退为进，蓄势待时，想等自己家族势力强大时再取遥辇氏而代之。为此，他在帮助遥辇氏重组部落时，以自己家族为核心组建了迭剌部，并为自己家族争取到了世任遥辇氏部落联盟兵马最高统帅（即联盟夷离堇）的特权。不过，耶律雅里没有料到，在此后长达一个半世纪的时间里，迭剌部的耶律氏家族势力并没有超越遥辇氏取其而代之，一直到耶律释鲁的出现，迭剌部的耶律氏家族才真正地强大起来。

《辽史·太祖纪》记载："懿祖生匀德实，始教民稼穑，善畜牧，国以殷富，是为玄祖。玄祖生撒剌的，仁民爱物，始置铁冶，教民鼓铸，是为德祖，即太祖之父也。世为契丹遥辇氏之夷离堇，执其政柄。德祖之弟述澜，北征于厥、室韦，南略易、定、奚、霫，始兴版筑，置城邑，教民种桑麻，习组织，已有广土众民之志。而太祖受可汗之禅，遂建国。"

于越王城是《辽史》所记载的契丹腹地出现的第一座版筑城池，是辽太祖阿保机三伯父耶律释鲁的私城。于越是官号，于越王是契丹人对耶律释鲁的尊称。于越王城的出现，在耶律氏家族及契丹族、中华国家发展史上都具有划时代的意义。

于越王城是迭剌部耶律氏家族崛起的标志。前文已经叙过，辽太祖阿保机七世祖耶律（世里）雅里在契丹大贺氏部落联盟后期内讧中脱颖而出，被唐廷册封为契丹松漠都督府都督，掌握了契丹的实际领导权，但他并没有自立为契丹可汗，而是拥立比自己家族势力更加强大的遥

辽代鎏金马饰件

上述史料反映了这样的信息，阿保机的祖父匀德实将农业种植技术引入契丹社会，父亲撒剌的将冶铁技术引入契丹社会，伯父述澜（即耶律释鲁）将版筑和纺织技术引入契丹社会，并在契丹腹地建筑了第一座城池——于越王城（始兴版筑，置城邑），阿保机在祖父辈们创下的基业的基础上，最终取遥辇氏而代之并进而开国称

第四章　京府州县城

辽祖州城遗址航拍图

辽代白釉双鱼小瓷碟

过程中，谁获得的财富（包括所俘虏的人口）归谁所有。释鲁作为契丹八部兵马的最高统帅，不仅在对外征伐中获得的财富最多，而且把中原的版筑和纺织技术首先引入迭剌部

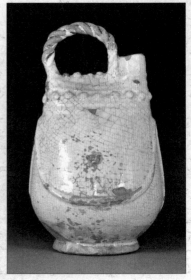

辽代白釉鸡冠壶

的耶律（世里）氏家族，再加上阿保机祖父和父亲引进的农业和冶铁技术，使迭剌部的耶律氏家族势力迅速增长，一举超过了遥辇氏汗族，释鲁也因此被拜为于越。

契丹原来的职官中并没有于越，遥辇氏可汗特设了于越一职授予释鲁。不过，从《辽史》的记载来看，于越虽然位居诸部酋长（夷离堇）之

帝。

耶律释鲁不仅是阿保机父辈几兄弟中能力最强者，同时也是契丹遥辇氏汗国末期的重要人物。他在担任迭剌部及遥辇氏部落联盟夷离堇期间，率领契丹八部兵马东征西讨，不仅扩大了契丹版图，而且越过长城掠夺燕蓟地区，将中原的版筑和纺织技术引入契丹。

按照契丹汗国的对外征伐原则，在对外征伐

达斡尔族与契丹的关系

辽朝灭亡后，契丹民族逐渐淡出历史舞台，融合在其他民族中，不再作为一个独立的民族存在。但是今天内蒙古的达斡尔族却是契丹人系谱明确的后裔。这种说法产生于清代，后经过专家学者的多方考证，基本确定了这种说法，即达斡尔人是契丹人的后裔。现在达斡尔语中保存了大量契丹语词汇，而且还遗存了部分契丹风俗。达斡尔人至今还传唱着："边壕古迹兮，吾汗所遗留，泰州原野兮，吾之养牧场"，其中泰州市是契丹二十部时期的放牧场。据达斡尔自己的传说，他们是辽亡后，由西拉沐沦河逃向黑龙江，以游猎、种田为生。

辽墓壁画《双犬图》

为家，逐水草而居。到了大唐王朝末期，随着中原先进的生产技术北移进入契丹，契丹腹地才开始出现中原的固定式建筑——版筑城池或建筑，而于越王城则是《辽史》所记载的契丹腹地出现的第一座版筑城池。

于越王城的出现，标志着中原文化越过长城，北移到大兴安岭南麓的西拉沐沦河流域，随之又以辽上京（今赤峰市巴林左旗）为中转站，传播于大漠草原，从而促进了我国北疆的开拓和开发。

关于于越王城的建筑时间，史籍中没有明确记载，但释鲁在阿保机担任挞马狨沙里期间被害，而阿保机于901年开始担任迭剌部夷离堇，因此，于越王城最迟也在901年以前建筑完成并投入使用，其主要作用是用以安置对外征伐中俘虏来的人口。

上，但并无具体职权，一般只授予有大功德的人。也就是说，于越只是一个荣誉之官（相当于中原的三公）。遥辇氏授予释鲁于越一职，显然是迫于迭剌部耶律氏家族的压力，而对释鲁采取的安抚和笼络之策。但是，对于这样的安抚和笼络，释鲁及耶律氏家族肯定是不满足、也是不领情的。因此，遥辇氏在授予释鲁于越之职的同时，还授予其总知军国事之权。

辽祖州城遗址

契丹建国后，于越王城隶属于祖州管辖。

释鲁被授予于越总知军国事，标志着迭剌部耶律氏家族的势力已经超过遥辇氏汗族，形成"挟天子以令诸侯"之势，取遥辇氏而代之只是时间问题。但是，就在这个当口，释鲁在耶律氏家族内讧中被杀身亡，这一光荣而艰巨的任务才历史性地落在了阿保机的头上。

于越王城还是中原版筑技术进入契丹腹地的物化标志。契丹族是游牧民族，四时游牧，车马

辽代"称意"铜印

103

辽祖州城大内遗址

绫锦院，班院祗候蕃、汉、渤海三百人，供给内府取索……"

根据《辽史》记载及祖州实地考古调查，祖州城遗址略呈不规则五边形，坐西北朝东南。前面城墙直线长300米，有一门曰大夏；后面城墙直线长300米，有一门曰兴国；东面（左侧）城墙直线长600米，有一门曰望京（因对着辽上京城方向而取名）；西面（右侧）城墙略呈曲线，长590米，有一门曰液山（因对着辽祖陵内液山而取名）；整座城周长1785米，城墙残高3米。祖州城由内外两城组成，分为五个区域，其中，外城两个区域，内城三个区域。外城主要位于南半部分，分东西两个区域。东侧区域由四处大院落和一处

四、祖州城

辽祖州城即今巴林左旗查干哈达苏木石房子村北古城遗址（辽代祖山下），距离辽上京城遗址西南约30公里。

《辽史·地理志》祖州条载祖州"本辽右八（大）部世没里地。太祖秋猎多于此，始置西楼。后因建城，号祖州。以高祖昭烈皇帝、曾祖壮敬皇帝、祖考简献皇帝、皇考宣简皇帝所生之地，故名。城高二丈，无敌棚，幅员九里。门，东曰望京，南曰大夏，西曰液山，北曰兴国。西北隅有内城。殿曰两明，奉安祖考御容；曰二仪，以白金铸太祖像；曰黑龙，曰清秘，各有太祖微时兵仗器物及服御皮氎之类，存之以示后嗣，使勿忘本。内南门曰兴圣，凡三门，上有楼阁，东西有角楼。东为州廨及诸官廨舍，

辽代"元祐四年"银铤

辽祖州城西门遗址

小院落组成；西侧区域由南北两个院落组成。内城位于北半部分，由三个区域组成。中间区域是一个单独城池，南面城墙有一门，共有三个门道，由此门入内，沿中轴线配置着三进大殿址，第一大殿址为"以白金铸太祖像"的二仪殿址，二仪殿与兴圣门间是一广场，两侧（即广场东西两侧）各有一长方形配殿，为陈列"太祖微时兵仗器物及服御皮毳之类"的黑龙、清秘两殿址；第二大殿略小于第一大殿，两殿中间有回廊相连，此殿为"奉安祖考御

奚大王记事碑，此碑系辽太祖二年（923年）平息奚族叛乱，任命奚人勃鲁恩为奚部大王，立碑记之（现存宁城县博物馆）

辽皇都城乾德门（西门）遗址

容"的两明殿；第三殿较前两殿址要小，其为何建筑址尚不知。内城东侧区域中间有一南北长墙，将其又分为东西两部分，西面部分分布着4座长方形殿址，东面部分分布着5处建筑址，这些建筑均以琉璃瓦饰顶，建筑规模也较外城建筑为大，应为皇帝举行祭祀祖陵仪式后的驻跸之地。内城西侧区域是一个四周用城墙封闭的巨大院落，仅在院落的东北部开一个小门与中间区域（即二仪殿和两明殿所在区域）相通。在该区域的西北部的一处大型台基上，坐落着一个巨大的石室，亦称石屋、石房子，由7块厚达60厘米的花岗岩石板拼制而成。

祖州城主要是为了守卫和祭祀辽太祖阿保机陵墓而建，称为祖州奉陵邑。从祖州城的规划布局来看，祖州内城中部区域的二仪、两明、清秘、黑龙四殿及西部区域的石室，是祖州城内五处主要祭祀场所。除石室之外，其他四殿《辽史》均有明确记载。

二仪殿内供奉有"以白金铸太祖像"，说明此殿是祭祀太祖之场所《辽史》亦称之为太祖庙，辽廷著名汉臣韩德让之父韩匡嗣曾任首任"太祖庙详稳"、"二仪殿将军"（两职实为一回

第四章

京府州县城

105

事）。不过，《辽史》中虽然只记载二仪殿内供奉着太祖阿保机的白金铸像，但此殿中并非只是祭祀阿保机一人的场所，应当还供奉着开国皇后述律平的画像或塑像，这可以从"二仪殿"的名称窥视一二。

契丹建国初期道教便进入契丹社会，道教称阴阳为二仪，具体到现实中，日为阳，月为阴；天为阳，地为阴；白马为阳，青牛为阴；男为阳，女为阴。阿保机开国称帝后所上的尊号是天皇帝（亦称天皇王），述律平的尊号是地皇后。由此可以肯定，二仪殿是取道教中"天、地"二仪之义，是祭祀太祖阿保机（天皇帝）及开国皇后述律平（地皇后）的场所。

关于二仪殿建筑时间，《辽史》中没有明确记载，但《辽史》有辽太宗天显四年（929年）五月"谒二仪殿，宴群臣"的记载，二仪殿有可能建筑完成于是年或稍早。

清秘和黑龙两殿陈列有"太祖微时兵仗器物及服御皮氊之类"，且建于二仪殿前面两侧，当是二仪殿的配殿。

两明殿内"奉安祖考御容"，说明此殿是祭祀辽太祖父亲、辽太宗祖父撒剌的之场所。我国古代对父辈祖先的称谓主要是界定在"五服"之内，即以本人为一世，上追四世，称谓分别是高祖（四世祖）、曾祖（三世祖）、祖（祖父）、考（父亲）。"祖考"又有广义和狭义之分，广义的"祖考"是对去世的所有父辈祖先的称谓，狭义的"祖考"则是对去世的祖父（爷爷）的称谓。因祖州城是辽太宗所建，因此称撒剌的为祖

考（即狭义的祖考）。不过，笔者认为，祖州虽为辽太宗所建，但"奉安祖考御容"的两明殿并不一定是辽太宗所建，而应该是辽太祖所建。如同二仪殿一样，两明殿也是取道教的"日、月"二仪之义，里面也供奉着两个人的"御容"，那就是辽太祖父亲和母亲的"御容"。

关于石室，《辽史》、《契丹国志》等史籍均不载，目前学界关于石室的作用观点不一。笔者认为石室是辽德陵，即辽太祖阿保机父亲的陵墓，详文请见辽德陵节。

关于祖州城的建筑时间，《辽史》没有明确记载，《契丹国志》载述律平"九月，葬太祖于木叶山（祖州木叶山）。置州坟侧，名曰祖州"。由此可知，祖州城建筑完成于辽太宗朝。不过，祖州城的建筑却是从辽太祖及其祖先们就开始的。

阿保机担任迭剌部首领（901年）之前，祖州之地是阿保机家支的世居领地，就已经有了众多的庐帐和

辽祖州城西墙残垣

辽代铜佛

106

耶律弘本汉文哀册文

少量的固定性建筑（因有汉人被俘虏入此地）；阿保机担任迭剌部首领（901年）之后，祖州之地是阿保机的政治活动中心之一，人口有所增加，建筑物也有所增多；阿保机担任于越总知军国事（903年）之后，从祖州之地走出，在狼河与沙河交汇地带建筑龙眉宫为新的政治中心，祖州之地则成为阿保机父亲撒剌的的陵园，由于

辽白玉鸡坠饰

石室、两明殿等楼阁式建筑物的出现，被称为西楼；阿保机被葬于祖州西侧的山谷（927年）后，辽太宗将祖州之地规划建城，取名为祖州，作为守卫祖陵和祭祀父皇阿保机及祖父撒剌的的场所。

辽太宗在规划建筑祖州城时，由于此地已经有了石室和两明殿等建筑，因此他只能围绕着石室和两明殿来对祖州城进行规划和建筑，即将祖州城规划为内外两城，内城是祭祀区域，建有石室、两明殿、二仪殿、辽帝驻憩场所；外城是守卫陵墓、御用工厂及行政管理及服务性机构。同时，辽太宗还在城外设置了市肆，安置汉和渤海族等人，以供祖州城生活之用。

辽天显七年（932年）五月辽太宗"幸祖州，谒太祖陵。"这是祖州一名在《辽史·本纪》中第一次出现，祖州城最晚在是年建筑完成并有了一定的规模。从祖州城东门为"望京门"来看，祖州城在辽太宗朝有一个建筑、扩建、完善的过程。因为，辽太宗是在辽会同元年（938年）将皇都升为上京的，也就是说，皇都升为上京后，祖州城东门才可能取名为"望京门"。这也从一个侧面说明，祖州城最迟在辽太宗获取燕云十六州，将皇都升为上京（即938年）时已经定型，以后就再没有什么太大的变化。

综上所述，祖州城主要由辽太祖、辽太宗（为主）两朝建筑完成，就祖州城内祭祀区域和建筑而言，石室所在区域是辽德陵，石室是阿保机父亲、辽德祖撒剌的及其妻子的合葬墓（详见辽德陵节），这一区域只供辽廷皇帝或极少数人祭祀；二仪殿、两明殿所在区域是辽太祖陵、辽德祖陵的庙宇祭祀区域，二仪殿是辽太祖陵的享殿，由辽太宗所建，两明殿是辽德陵的享殿，由

辽崇兴寺双塔之西塔（正在维修中）

107

辽太祖所建（但两明殿之名或由辽太宗在建筑二仪殿时所取），这一区域是辽廷皇帝、皇后及横帐三父房皇族，即辽德祖撒剌的直系子孙们祭祀辽太祖、辽德祖两先祖之场所，辽祖州具有祭祀辽德祖和辽太祖的双重功能。

祖州辖1城2县，即于越王城（详见上文于越王城节）、长霸县、咸宁县。

长霸县，辽太祖平定渤海国后，迁渤海扶余府长平县人于祖州，辽太宗于此建长霸县，县衙在祖州城内，辖2000户。

咸宁县，辽太祖破辽阳后迁其民于此建置。关于辽太祖破辽阳的时间史籍不载，但《辽史》载辽太祖曾于太祖三年（909年）正月巡视辽东、

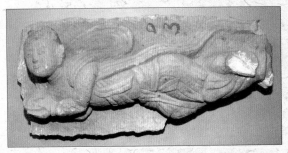

辽代飞天石刻像

神册四年（919年）修葺辽阳旧城。由此可知，辽太祖破辽阳的时间当在太祖三年（909年）之前，最迟在神册四年（919年）之前，咸宁县即时相应建置，是辽太祖在辽上京地区建置最早的县之一，县衙在祖州城内，辖1000户。

祖州对于辽王朝，特别是对于耶律氏皇族具有重大的意义。

首先，辽祖州是耶律氏皇族的世袭领地和发祥地、肇兴地。迭剌部的耶律氏家族自始祖雅里至阿保机传八代人，历170余年。在这段漫长的时间里，耶律氏家族世代游牧在潢水（今西位沐

云南本人和契丹人的关系

辽亡后，继之而起的金蒙将契丹人征入行伍，四处征战。元朝曾将契丹将士调往云南镇戍，据调查云南约有元朝契丹将士后裔15万人，主要分布在宝山地区的施甸县、昌宁县、腾冲县以及临沧、大理、西双版纳部分地区。经过和当地民族几百年的杂居融合，现在云南契丹后裔报称的民族有：汉族、彝族、布朗族、基诺族、景颇族等十多个民族。他们主要冠以：阿、莽、蒋、茶等姓。学者据历史文献和墓碑考证出了他们的契丹身世渊源，确系北方南迁的契丹人后裔。但由于年代久远，民族通婚混血，现在以不能将其看做单纯的契丹人后裔。因此，近年来云南市人屡次向政府申请改著族称为契丹，而未能如愿。

沧河）北岸，家支众多，显贵众多，各家支和显贵又都有自己的游牧领地，祖州所在地域便是阿保机直系祖先的世袭领地。其四世祖耨里思、三世祖萨剌德、祖父匀德实、父亲撒剌的等四世先人及阿保机本人都出生在这里。这祖祖孙孙五代人乘中原纷乱之机，以祖州地域为大本营，养精蓄锐，奋发图强，使迭剌部的耶律氏家族迅速崛起，并最终取遥辇氏而代之成为契丹汗族。阿保机开国称帝建立契丹国家后，将这五支人从迭剌部的耶律氏家族中独立出来列为皇族，分为横帐皇族、三父房皇

辽代白釉长颈瓶

族、二院皇族三个层次。其中，耨里思和萨剌德两支人中除匀德实一支外列为二院皇族，匀德实和撒剌的两支人中除阿保机一支外列为三父房皇族，阿保机一支列为横帐皇族。

其次，辽祖州是辽王朝兴国之地。如果说阿保机的祖父辈们以祖州地域为大本营，发展壮大了耶律氏家族，那么，阿保机则以祖州地域为政治活动中心，攫取契丹汗权并进而开国称帝。契丹族自独立登上历史舞台（388年）至阿保机担任契丹可汗（907年）的500多年间，经历了古八部联盟、大贺氏八部联盟、遥辇氏八部联盟等发展阶段，在这长达五个多世纪的时间里，契丹的政治中心（即可汗的驻牧地）基本上在潢河与土河交汇处及潢河以南区域，这一地域也被称为契丹龙庭。阿保机担任迭剌部首领和遥辇氏八部联盟兵马最高统帅（901年）后，以祖州地域为主要政治活动中心，先取遥辇氏而代之为契丹可汗（907年），继而开国称帝建立契丹国家（916），进而又把皇都建在这里（918年），从而奠定了契丹大辽王朝200余年基业。

再次，辽祖州是辽王朝耶律氏皇族的祭祖圣地。契丹建国前对神的崇拜主要是"白马和青牛"神，对祖先的崇拜主要是契丹人始祖奇首可汗、可敦（奇首可汗之妻）及其八子，祭祀地点在潢河与土河交汇处的永州木叶山（今翁牛特旗境内海金山），因此永州木叶山也被契丹人称为祖山，是契丹人祭祖圣地。但是，契丹建国后，特别是辽太祖阿保机病逝安葬于祖州城西侧的山谷（辽代黎谷）后，祖州所在大山（即今大、小布拉格山）被耶律氏皇族尊为祖山（详见前文祖山、木叶山节），亦称之为木叶山，自此祖州木叶山代替永州木叶山上升至辽廷祭祖的主导

地位，因此《辽史》中才多次出现了辽廷皇帝祭祀"祖州木叶山（即祖陵）"而"望祭永州木叶山"的记载。

第四，辽祖州是维系辽上京作为辽王朝200余年首都的主要因素之一。在契丹政权建立前后，我国北方也有其他少数民族建立过政权，但这些政权大多经历过迁都事件。如拓跋鲜卑建立的北魏政权从平城（今山西大同市）迁都洛阳、女真人建立的金政权从上京（今黑龙江省阿城）迁都北京、蒙古人建立的蒙元政权从上都（今正蓝旗境内）迁都北京、满族人建立的清朝政权从盛京

辽代全州城残垣

辽牵犬木俑(现存赤峰市博物馆)

（今辽宁沈阳市）迁都北京等，唯独契丹族建立的辽王朝没有迁都。

其实，契丹政权刚刚建立30年便获取了燕云十六州，据有今北京（938年），但辽王朝并没有迁都北京，而是将祖州所在的皇都升为上京，加固其首都的地位。辽王朝中期五京具备，其中辽中京（今赤峰市宁城县境内）和辽南京（今北京）都较上京富庶和繁华，但契丹政权并没有迁都中京或南京（今北京）。这里面固然有辽廷的政治制度，如捺钵、南北双轨官制等众多因素，但还有一个很重要的因素，那就是祖州的存在。

契丹建国初期，以开国皇后述律平为首的契丹显贵们就反对辽太祖南下中原获利，反对辽太宗在中原称帝，曾发出"吾有西楼羊马之富，其乐不可胜穷也，何必劳师远出以乘危徼利乎？"（《资治通鉴》）的感慨。很显然，述律平的思想绝不仅仅是她一个人的思想，而是代表了一部分契丹显贵的思想。在这种思想影响下，辽廷自辽穆宗之后的6位皇帝，便都树立了固守本土，无求南下的思想。既然要固守本土，自然要选择一处适合的首都。辽中京和南京虽然比上京要富庶和繁华，但祖州是耶律氏皇族的发源地、肇兴地，是辽王朝的开国之地，是契丹人的祖源地，从而成为契丹人的首选。因此说，祖州是维系上京作为契丹辽王朝200余年首都的一个重要因素。

1988年，辽祖州与太祖陵一起被国务院列为全国重点文物保护单位。

五、全州城

辽代全州城即今巴林左旗四方城古城址。

《辽史·圣宗本纪》载辽统和九年（991年）五月"以秦王韩匡嗣私城为全州。"但《辽史·地理志》所载辽朝州县中并没有全州，而《契丹国志》所辑诸藩臣投下州中有全州。投下州为辽廷显贵私城，说明全州是韩匡嗣私城，但两史都没有说明全州所在位置。1994年在巴林左旗境内白音罕山（辽代渠劣山）发现了韩匡嗣家族墓，经巴林左旗辽上京博物馆原馆长金永田先生考证，四方城古城即为韩匡嗣私城全州城址。

全州城遗址东南距辽上京城遗址约70公里，西北距韩匡嗣家族墓15余公里，分东西两城址，相距160米。东城不规则，周长1060米，有两门址；西城略呈长方形，南北长300米，东西宽320米，残存马面11座，城墙为夯土版筑，残高1.5—

辽全州城残墙

辽庆州白塔建塔碑，现存巴林右旗博物馆

玉田韩氏入辽的第一代人韩知古，6岁时被述律平兄长俘虏进入述律家中为奴，后又作为述律平的陪嫁奴隶来到阿保机家。阿保机与述律平结婚应在890年（时阿保机18岁，述律平12岁）左右或稍早，由此推断韩知古出生时间当在880年左右，随述律平来到阿保机家时10岁左右。阿保机担任迭剌部酋长后（901年），为了攫取汗权开始网罗人才，韩知古因颇有才干而得到阿保机的赏识，成为其得力谋臣，在阿保机攫取汗权和开国称帝中发挥了重要的作用，在辽太祖朝历任彰武军节度使、总知汉儿司事（具体负责契丹国家的汉人事务兼主诸国礼仪，并参与了契丹国家法律

2.5米，门址不清。现两城址均已辟为村庄或农田。

　　全州城对于研究辽代玉田韩氏家族具有重大的意义。

　　首先，全州城是玉田韩氏家族崛起的标志。

　　辽朝有"玉田韩氏"和"幽州韩氏"两大韩氏家族，"玉田韩氏"是指祖籍为蓟州玉田的韩知古家族，"幽州韩氏"是指祖籍为幽州的韩延徽家族。韩知古和韩延徽既是早期进入契丹社会的汉人，也是契丹建国初期重要汉臣，为契丹国家的建立及初期建设做出了巨大贡献，从而奠定了这两个家族在辽朝汉族世家大族的地位。

辽上京城遗址内出土辽代叶蜡石雕像

111

辽墓壁画《备猎图》

制度建设）、左仆射（相当于中原的宰相），率领汉军参加了灭亡渤海国战争，又因战功迁升为中书令（位在宰相之上，或为宰臣之首），为辽太祖二十一位佐命功臣之一。

但是，韩知古的履历也就到此为止，并没有在辽太宗朝任职的记录。不仅如此，从太祖病逝（公元926年）到辽景宗耶律贤即位（969年）的40多年时间里（期间隔辽太宗、辽世宗、辽穆宗三朝），玉田韩氏家族默默无闻，甚至是销声匿迹，一直到辽景宗耶律贤朝，因韩匡嗣和韩德让父子帮助萧燕燕执政有功，玉田韩氏家族才重新崛起，而崛起的标志之一，便是韩匡嗣的私城——全州。

辽廷规定，只有横帐诸王（阿保机几兄弟及其后人）、国舅、公主等才有权力建筑私城，其他人没有权力建筑私城。韩匡嗣既非横帐皇族，

也非国舅，而且还是私奴身份，却得以建筑私城，说明韩匡嗣已经不是普通的汉族权贵了，而是具有了与契丹权贵同样建筑私城的特权，这对于在辽廷的汉族来说，是一个质的飞跃。因此说，全州城是玉田韩氏家族崛起的标志。

其次，全州城是玉田韩氏家族跻身辽廷显贵的标志。

投（头）下州是辽廷诸显贵以对外征伐中所俘虏的人口或籍没人口为基础而建筑的私城，由辽廷赐州县额，纳入辽廷地方建制。在投下州内，除节度使由辽廷任命之外，其余官员皆由投下主（即投下州的所有者）任命；除酒税上缴国库而外，其他税费全归投下主所有。也就是说，投下州是辽廷诸显贵合法的私有资产，是辽廷给予诸显贵的特权，一般只有"横帐诸王、外戚、公主"享有这种特殊的权力，其他人是没有这种权力的。

韩匡嗣病逝于辽乾亨四年（公元982年），但他的私城全州城在9年后才被辽廷赐予全州名额（991年）。也就是说，韩匡嗣在世时虽然建立了私城，但并没有被辽廷赐予州县额。进一步来说，韩匡嗣虽然享受到了横帐诸王等显贵建筑私城的权力，但他的私城并没有"户口"。出现这种情况，显然与玉田

辽鎏金门神像铜门

走进千年辽上京

辽代白釉小碗

到的便是韩德让。时韩德让出任南院枢密使不久，并不在皇帝行宫，得到萧燕燕的密诏后，立即率亲军赶到行宫，与耶律斜轸等人控制住形势，将耶律隆绪扶上皇位，实现萧燕燕摄政。此后，两人形成事实上的夫妻关系。几年后（988年），萧燕燕正式下嫁给韩德让，韩德让遂成为辽廷事实上的"太上皇"。

但是，韩德让能力再大，官职再显贵，即便是娶了萧燕燕为妻，成为辽廷"太上皇"，他的私奴身份也没有改变，也还是要被人看低一等的，就是萧燕燕也感觉到了压力。

萧燕燕以国母之尊下嫁给私奴身份的韩德让，立即在辽廷引起风波和争议，招致宫廷内外的一片议论。对此，萧燕燕开始的时候采取强硬手段加以制止。比如下令不许宫内人传播帐内消息；再比如杀掉冲撞韩德让的人等。但是，这样的高压手段，似乎并没有完全堵住人们的嘴，萧燕燕与韩德让的"绯闻"甚至传到了宋朝君臣的

韩氏家族的私奴身份和地位有直接的关系。

契丹社会的等级制度是非常严格的，韩知古是以私奴身份进入述律平和阿保机家里的，从而造成了玉田韩氏家族在契丹社会中的私奴身份和地位，即便是韩知古在辽太祖朝官居显位，成为佐命功臣，玉田韩氏家族的私奴身份和地位也没有改变，是不能与辽廷诸显贵享有同等待遇的。韩匡嗣也一样，即使他与辽景宗的关系再好，官职再高，甚至被封为王，得以建私城，他的私奴身份和地位也没有改变，也是不能与辽廷诸显贵享有同等待遇的。

玉田韩氏家族的私奴身份和地位，一直到韩德让的出现，才得以改变，而改变的标志之一，便是韩匡嗣的私城全州被赐予投下州名额。

韩匡嗣有九个儿子，韩德让是其第四子，根据宋人路振所写的《乘轺录》记载，韩德让曾与辽景宗的皇后萧燕燕定有婚约，辽景宗即位后将萧燕燕纳入宫中，两人才没有成婚，但两人一直保持着亲密关系。

辽景宗病逝时（公元982年9月），萧燕燕只有30岁，其长子耶律隆绪（即辽圣宗）只有12岁，辽廷处于"母寡子弱，族属雄强，边防未靖"（《辽史》）的危局之中，萧燕燕第一个想

辽代玻璃舍利瓶

辽庆州白塔饰物——灰陶朝凤（现存于巴林右旗博物馆）

其实，明眼人一眼就能看得出来，这是萧燕燕所用的明修栈道、暗度陈仓之策，即明着是把韩匡嗣的私城列入投下州建制，把已经死去多年的韩匡嗣列入辽廷显贵之列，暗着却在为韩德让改变身份做铺垫。十几年后，即辽统和二十三年（1004年），萧燕燕在澶州城下与宋廷签订"澶渊之盟"回到国内后，立即赐已经集辽廷蕃汉、军政大权于一身、身居大丞相之位的韩德让耶律姓、出宫籍（解除私奴身份）、隶三父房皇族（即阿保机父亲一支人），玉田韩氏家族终于完成了由私奴到辽廷横帐皇族的蜕变。

韩匡嗣的私城全州被赐予头下州名额，正式纳入辽廷投下州建制时，虽然韩德让还没有被赐姓耶律氏，也没有出宫籍改变私奴身份，但玉田韩氏家族已经享受到建立投下州的特权，实际上已经跻身于辽廷显贵之列。

第三，全州城是玉田韩氏家族作为辽朝第

走进千年辽上京

耳朵里，成为宋廷发动北伐（即986年宋廷发动的雍熙北伐）的一个重要因素。在这种形势下，不仅韩德让要考虑改变私奴身份的问题（即韩德让的私奴身份与其官职不符），就是萧燕燕也要考虑韩德让的身份问题（即韩德让的私奴身份与其"太上皇"的身份不符）。不过，深谙政治之术的萧燕燕并没有直接将"丈夫"韩德让的身份改变，而是走了一条曲线，于辽统和九年（991年）将韩匡嗣的私城全州赐予头下州名额，正式纳入辽廷投下州建制，此时韩匡嗣已经病逝9年。

韩匡嗣的私城全州被赐予头下州名额，纳入辽廷投下州建制，实际上就是将韩匡嗣列入了辽廷显贵之列。

辽代液泉河古河道

辽代黄釉葫芦执壶

114

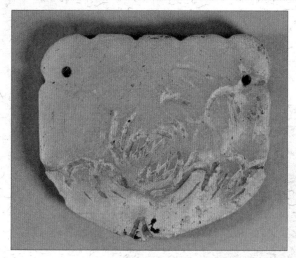

辽代仿玉带扣

一汉族世家大族的标志。

辽王朝是一个由契丹贵族和汉族贵族联合组成的政权，因此终辽一世，契丹社会出现了众多的汉族世家大族，而"韩、刘、马、赵"四大家族则是其中的佼佼者。

韩，主要是指玉田韩氏家族，终辽一世，玉田韩氏家族在辽廷为官者数以百计，其中"入则为王爪牙，出则为民父母"（韩知古之重孙韩相墓志），"拜使相者七，持节旌绾符印，宿卫交戟，任室猷者九，入侍纳陛者，实倍百人"（韩知古之重孙韩橁墓志）。

刘，主要是指河间刘氏家族，在辽廷的第一代人物是刘守敬，辽太宗年间跟随赵延寿一起降辽，自此刘氏一族在辽廷世代为官，其第三代人的代表人物是刘慎行，在辽圣宗朝官至北府宰相、南院枢密使；第四代人的代表人物是刘六符，在辽兴宗朝"关南十县地"事件中扮演了重要角色，以功升任枢密使、中书政事令。

马，主要是指医巫闾马氏家族，在辽廷的第一代人物是马胤卿，辽太宗朝降辽，其家族世代

在辽廷为官，官职最显者是第五代人马人望，是辽道宗、辽天祚帝两朝著名能臣（《辽史》录能吏六人，马人望居其一），官至参知政事（相当于宰相）、南院枢密使。

赵，主要是指卢龙赵氏家族，在辽廷的第一代人物是赵思温，辽太祖朝被时任契丹国兵马大元帅的辽太宗俘虏（923年），后来（927年）地皇后述律平借安葬太祖阿保机之机，疯狂屠杀拥立太子当皇帝的大臣们，当杀到赵思温时，他机智地说服述律平放下了屠刀，不仅救了余下的大臣一命，他也由此受到辽太宗的重用，自此其家族世代在辽廷为官，且绝大多数出任节度使执掌兵权，是辽廷中以军功起家的汉人世家大族的代表，至辽末赵氏家族"七世并袭辽世爵"、"官三事、使相、宣徽、节度、团练、观察、刺史，下逮州县职，余二百人"（《世家大族与辽代社会》）。

说玉田韩氏家族是辽朝第一汉族世家大族，除其家族出仕为官、官居显位者众多而外，更主要的原因就是玉田韩氏家族建有投下州，而全州就是其中之一。

辽代佛教故事绢画

115

辽渤海王囚城西墙残垣

契丹玫瑰油

与世俗印象相反，契丹民族并非茹毛饮血、不修边幅的游牧民，事实上非常重视饮食营养和卫生保健，掌握了按季节饮用甘草汤、菊花茶的时令，还制造了牙膏。其中尤为传奇的当属"玫瑰油"，据记载契丹玫瑰油"其色莹白，其香芳馥，不可名状。"史料记载虽然不详，但从这寥寥数语中，足以感受到"玫瑰油"的色泽和芬芳。澶渊之盟后，宋辽罢兵，辽朝赠送友邦的礼物中，除了有被誉为"天下第一"的鞍鞯外，还有珍贵的玫瑰油。宋徽宗对"玫瑰油情有独钟，无奈辽馈赠数量极少，而且配制方法也极为保密，不易唾手而得。后来，徽宗皇帝重贿辽国使臣，得到了秘方，几经试验，最后宋朝仿制成功。

《辽史·地理志》辑录辽朝有投下州16处，散记8处，共计是24处；《契丹国志》辑录辽朝有投下州23处，其中有6处与《辽史》相同，但并没有记载投下州的情况，刘蒲江先生在《辽朝的头下制度与头下军州》一文中列出辽代有头下军州42处。综合而言，辽朝有投下州最少不少于24处。由于史料等原因，现以《辽史》辑录为基本史料。

《辽史》辑录的24处投下州中，公主4处，国舅4处，耶律氏皇族13处，遥辇氏1处，韩匡嗣、韩德让父子各1处。

从中不难看出，在辽廷的诸多汉族世家大族中，只有玉田韩氏建有投下州，具有与契丹族显贵们同样的特权，因此说，全州城是玉田韩氏为辽廷第一汉族世家大族的标志。

第四，全州城暗示着韩知古死亡的信息。

上文中已经提到，玉田韩氏家

辽代供养人石雕像

族在辽太祖病逝后的40多年间事迹不显，显然是发生了变故，而这个变故肯定与辽太祖病逝后辽廷政治斗争有关系。也就是说，韩知古有可能成为辽廷政治斗争的牺牲品，从而使玉田韩氏家族遭受致命打击，跌入低谷。关于这一点，我们可以从全州城得到一些启示。

韩知古被杀的可能性

韩知古病逝于辽天显年间，但没有在天显年间任职的记录。辽天显年号共使用12年（926年至937年），其中辽太祖朝使用半年（926年2月至926年7月），述律平摄政使用一年又四个月（926年7月至927年11月），辽太宗朝使用十一年（927年11月至938年11月改元会同，938年称辽会同元年）。与

116

辽庆州白塔饰物——套兽（现存于巴林右旗博物馆）

第四章 京府州县城

髡发

髡（读 kun），意思是剃去头发。我国古代在中原地区，按照周代礼制，髡发是一种刑罚。在讲究身体肤发，受之于父母，不能轻易损伤的古代社会，髡发是莫大的耻辱。北方民族与中原礼俗迥然不同，髡发作为一种常见的法式，一直在北方少数民族中流传。契丹人的髡发习俗，在继承鲜卑的同时，也有其独特之处。契丹髡发的主要样式是：将头顶部分的头发全部剃光，只在两鬓或前额部留少量余发作装饰，有的在额前蓄留一排短发；有的在耳边披散鬓发，也有将左右两绺头发修剪整理成各种形状，然后下垂至肩。髡发样式，从传世的《卓歇图》、《契丹人狩猎图》、《胡笳十八拍图》等，及辽墓壁画中都可看到。尤为奇特的是契丹妇女也有髡发的习惯。

韩知古同时在辽太祖朝任职的几个著名汉臣，如韩延徽、赵思温、卢文进、王郁、康默记等都有去向，唯独韩知古没有在辽太宗朝的事迹。韩知古是汉人在辽太祖朝官职最显者，加之玉田韩氏家族是终辽一世汉族中的第一世家大族，如果他在辽太宗朝任职的话，其传中不可能不记载。因此，最大的可能是他在辽太祖病逝后的皇权争夺中被述律平所杀。

韩知古6岁时便被俘，入述律平家为私奴，后又作为述律平的陪嫁奴隶进入阿保机家，成为阿保机家里的奴仆，对阿保机及其子孙的汉文化影响最早也最直接、最深刻。阿保机与述律平的长子耶律倍是当时契丹上层社会中崇尚汉文化的代表，这显然与时在述律平家为奴仆的韩知古的影响有直接的关系。同时，韩知古还是进入阿保机政治集团的第一个汉人，对阿保机仿效中原开国称帝、册立汉文化素质较高的长子耶律倍为太子肯定有一定的影响。正因为此，韩知古才在辽太祖朝官居显位，成为佐命功臣。但是，韩知古的所作所为，显然又不符合他的主人——述律平的心意。因为，述律平是契丹贵族保守势力的代表，是不赞成丈夫崇尚汉文化的。当丈夫阿保机病逝后，她断然废掉太子耶律倍，拥立次子耶律德光为皇帝，从而遭到拥护太子耶律倍一派人的反对。述律平则毫不犹豫地向反对派举起了屠刀，以殉葬之名，杀掉了一百余名大臣，韩知古是述律平和阿保机的私奴，述律平杀掉他的理由最充分——奴隶为主人殉葬。

韩知古被杀后玉田韩氏家族的命运 韩知古

辽崇兴寺钟

辽代白釉蕉叶纹执壶

后，耶律倍长子辽世宗在皇权争夺中胜出，将祖母述律平和三叔李胡囚于祖州，并将祖母述律平的斡鲁朵没收归己所有，韩匡嗣几兄弟又随之成为辽世宗的私奴，并由此与辽世宗的长子耶律贤（即辽景宗）建立了密切关系（"景宗在藩邸，善匡嗣"）。十多年后，辽穆宗病逝，韩匡嗣因为是耶律贤政治集团的骨干成员而得到重用，成为辽廷重臣，由此玉田韩氏家族终于等到了崛起的机会。

全州城建于上京左地的因素 全州城是韩匡嗣的私城，建于何时《辽史》中没有记载，从韩匡嗣的仕途履历来看，当建于辽景宗朝，也就是韩匡嗣在辽景宗朝为官的13年间（969年至982年）。

生有11个儿子，其第三子韩匡嗣生于辽神册二年（917年），韩知古被杀于辽天显元年（926年）或二年间（即辽太祖病逝到辽太宗即位的一年多时间），时韩匡嗣只有9或10岁，他的两个哥哥也处于幼年，其最小的弟弟有可能刚刚出生。也就是说，韩知古被杀后，他的11个儿子还都没有成年，加之韩知古是因为拥立太子耶律倍反对辽太宗而被杀的，在辽太宗执政的情况下，几兄弟的命运是可想而知的。韩知古是述律平的私奴，其诸子韩匡嗣等兄弟自然也就都是述律平的私奴，生活在述律平的斡鲁朵里。在接触过程中，韩匡嗣获得了述律平的好感，被视为己子，并因此而得到提拔，被授予右骁卫将军，后又改任二仪殿将军。但因辽太宗不得意玉田韩氏家族，韩匡嗣也就官止于此，没有再得到提拔。辽太宗病逝

辽代酱釉印花盏

韩匡嗣在辽景宗即位后即出任上京留守，但担任此职的时间为一年左右，期间建筑全州城的可能性不大。在此后七八年的时间里，韩匡嗣主要在南京任职，后因在对宋战争中兵败（979年）而被降职（抑或是免职），赋闲在家，两年后（981年）出任西

辽渤海王城墙断面（位于巴林左旗境内）

走进千年辽上京

辽代小型石磨

南面招讨使，第二年病逝（982年）。从时间上来看，韩匡嗣建筑全州城的时间应该是他在南京任职期间或降职后。那么，韩匡嗣既然在南京任职，为什么要回到上京来建筑私城呢？这显然与其父韩知古有关系。

从史籍记载来看，玉田韩氏家族在中原的祖籍地是蓟州玉田县（今天津境内），在契丹的祖籍地是柳城（即今辽宁朝阳市）。辽景宗朝时蓟州早已归契丹所有，隶属辽南京管辖，按照"落叶归根"的传统思想，韩匡嗣建筑私城的地点首选应当是蓟州，次选是柳城，可他为什么偏偏选择上京左地来建筑私城呢？主要因素就是韩知古葬于上京附近。韩匡嗣把私城建筑在上京附近，目的就是为了祭祀父亲。

韩匡嗣墓志所透露出的信息　在我国古代，墓地一般都选择在家族驻地附近，以便祭祀，韩匡嗣家族墓地在其私城全州城西北15公里处的白音罕山（辽之渠劣山），在情理之中。但是，如同全州城一样，韩匡嗣家族墓也给了我们许多韩知古死亡的信息。

据《韩匡嗣墓志铭》载"以当年（982年）十二月八日薨于神山之行帐，享年六十六。以统

和三年（985年）十月九日卜葬于渠劣山之阳，礼也。"这段文字透露了两个秘密信息：一是韩匡嗣死后没有附葬先茔；二是韩匡嗣死后是按古代孝道（即礼也）安葬在渠劣山的（即附葬祖茔）。

辽墓壁画《墓主人野炊图》

辽崇兴寺双塔之东塔浮雕

耶律弘世妃汉文墓志盖

辽代道教人物石雕像

这显然是一个矛盾的记载，把没有附葬祖茔说成是孝道。

这不可能是撰墓志者的笔误，而是曲笔，是在暗示韩知古死后没有坟墓，韩匡嗣死后葬在了其父韩知古尸骨附近。

从目前所发现的玉田韩氏家族墓地来看，玉田韩氏主要集中葬在三地，一是上京西北白音罕山（辽代渠劣山），韩匡嗣家支葬于此；二是辽宁朝阳市（即辽代柳城，玉田韩氏在契丹的祖籍地），韩知古第五子韩匡美家支葬于此地；三是河北迁安（辽代蓟州境内，玉田韩氏在中原的祖籍地），韩知古第六子韩匡胤家支葬于此地。从三地出土的墓志来看，没有发现韩知古葬于何地的信息。按照古代"落叶归根"的思想，玉田韩氏葬在柳城和蓟州都属于死后归葬于祖籍地，只有韩匡嗣家族没有葬在祖籍地，而是新建墓地，这显然是有悖常理。这也从另一个侧面反映出，韩匡嗣死后没有葬于祖籍，

契丹何以成为中国的代名词

在今天的俄语、土耳其以及伊朗语言中，中国一词的音译就是"契丹"（Kitai）。这不仅和契丹人有关，而且造成这一现象出现的直接原因就是蒙古人的西征。从词源上讲来俄语中"Китай"（中国）一词来自蒙古语"乞塔"，原来专指中国北方的少数民族契丹，后在蒙古语中指代中国北方地区。因为经过辽金的统治和民族融合，尤其是华北地区涌入了大量的契丹、女真人。十三世纪蒙古兴起后，随着大军西征欧洲，这一概念逐渐泛化，指代中国，当时和蒙古统治下的国家或者和蒙古有交往的国家都已习惯用Kitai（Kitay、Khitay、Cathay、Katay以及Китай）来称中国，直至今日。另外，在现代蒙古语中仍然称呼"汉人"为Kita或hitat（契丹）。

而是另选墓地，是有原因的，那就是韩知古葬在上京附近。那么，韩知古又葬在哪里呢？

以韩知古生前显赫官职，如果他正常死亡的话，肯定要单独安葬并立有陵墓，子孙死后肯定也要附葬祖茔；从出土的玉田韩氏家族墓志来看，并没有附葬祖茔。由此笔者认为，韩知古死后没有单独立坟墓，而没有单独立坟墓的原因就是死于非命，即被述律平所杀，陪葬了辽太祖。

辽黑山祭祀址《崇善》碑拓片（现存巴林右旗博物馆）

辽代石磨

辽代木椅

上京之地是耶律氏皇族的发祥地，非耶律氏皇族人没有权利使用这块地皮，因此，上京附近的州城并不是太多，除建于契丹建国前的于越王城外，韩匡嗣的全州城是上京附近规模比较大的城池，这显然与韩匡嗣和韩德让父子的权势和地位有关系。

在韩知古的11个儿子中，韩匡嗣最先得到重用，其家支也是玉田韩氏家族中最强盛的一支，也只有韩匡嗣、韩德让父子有能力在辽祖陵附近要一块地皮建筑私城，以守护和祭祀先祖韩知古的灵魂。也就是说，韩匡嗣、韩德让父子利用与

辽景宗和萧燕燕的特殊关系，在辽祖陵附近申请一块地皮建筑私城，以守护和祭祀陪葬于辽祖陵的先祖韩知古的灵魂，而萧燕燕正在依靠韩德让及玉田韩氏家族来巩固自己的统治地位，因此就答应了韩匡嗣父子要求，特批给他们一块地皮，韩匡嗣父子于是在这块地皮上建筑了全州城。

六、渤海王囚城

辽代渤海王囚城即今距离辽上京城遗址西约1公里的古城遗址。《辽史·太祖本纪》载辽天显元年（926年）七月"卫送大諲撰于皇都西，筑城以居之"。所筑之城就是此城，曾出土带有渤海族标志的器物。

渤海王囚城，是笔者起得名字，因此城是为囚禁渤海末代国王大諲撰所建，因起此名。城址现已辟为村庄和林地，四至不清，只有西北角存有两处残损城墙，北墙残存183余米，西墙残存130余米。根据有关资料记载，此城呈方形，长宽

苏轼兄弟与契丹

一般认为，契丹和宋多年对峙、连年交兵，关系应该十分僵硬。事实上，两国在"澶渊之盟"后，维系了长久的和平。宋朝许多知名人物都奉旨出使过契丹。苏轼的兄弟苏辙便是其中的典型代表。苏轼曾写过有名的《送子由使契丹》。苏辙到达契丹后不仅到了辽上京临潢府、中京大定府、南京析津府，还到了契丹人的祖山巿叶山。出使过程中，苏辙根据沿途所见辽地风光，一共写了28首诗。期间他还看到哥哥苏轼的诗词在契丹深受喜爱。契丹人知道苏轼豪饮。在一次接待契丹使者的宴会上，苏轼对契丹使者的敬酒略有推辞，这位使者便端着酒杯走到他面前，当场背诵他写的诗："痛饮从今有几回，西轩月色夜来新"，以此证明苏轼的酒量。

121

辽代"保宁通宝"铜币

辽代铁铡刀

走进千年辽上京

约300米；亦有资料介绍此城周长1000米左右，是上京皇都城的郭郭。

渤海王囚城记录着一千多年前东北亚战争史上的一次重大战争——契丹灭亡渤海国。

渤海国是唐朝武则天执政时期，由粟末靺鞨人建立的政权，说起来渤海国的建立还与契丹有直接的关系。

唐朝武则天万岁通天元年（696年），契丹首领李尽忠和孙万荣在营州（今辽宁朝阳）起兵反唐，当时居住于营州的靺鞨人首领大氏率领本部族人也加入契丹反唐阵营。武则天在派兵遣将镇压契丹叛乱的同时，采取分化策略，册封靺鞨人首领乞乞仲象为震国公、乞四比羽为许国公，让他们率领靺鞨人临阵倒戈。乞乞仲象和乞四比羽不愿被武则天利用，便趁营州大乱之际率众返回故地长白山。武则天在第二年平定契丹叛乱后，开始派兵追剿东返的靺鞨人。在双方战争过程中，乞四比羽战死，乞乞仲象病逝，但靺鞨人在乞乞仲象儿子大祚荣的率领下打败唐追兵，终于返回故地长白山，并于公元698年在牡丹江流域（具体地点在今吉林省敦化市附近）建立了震国，大祚荣自立为震国王。公元705年，武则天病重，李显复位，是为唐中宗，震国向唐廷称藩；公元712年，唐玄宗李隆基册封大祚荣为渤海郡王，震国由此改称渤海国。经几任国王的苦心经营，渤海国成为名噪一时的"海东盛国"。

但是，渤海国也没有跳出月盈而亏、水满则溢的事物发展规律，到了第十五任国王大諲撰时（与阿保机担任契丹可汗同一年，即907年即位渤海国王），渤海国已经是日薄西山，国势衰弱，内部矛盾重重，为契丹统一北疆提供了契机。

关于辽太祖东征渤海国，史籍中还记录着一则有趣的故事。根据《契丹国志》记载，辽天赞四年（公元925年）九月，辽太祖阿保机结束西征回到西楼皇都后，决定利用渤海国内部发生矛盾之机，一鼓作气灭亡渤海国，于是便立即召开军事会议研究东征渤海国事宜。但是，军事会议

辽代铜钟（宁城县出土）

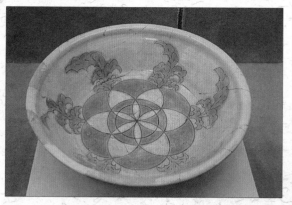

辽三彩洗（敖汉旗出土）

没有辽太祖预想的那样顺利，诸部酋长及有关大臣以西征刚刚结束，兵马疲惫等为理由，不同意立即东征渤海国，会议无果而散。辽太祖为了统一诸酋长和大臣们东征渤海国的思想，便率领大家到靠近渤海国的地区游猎，有一天突然有一条黄龙现于辽太祖毡帐之上，辽太祖连放两箭，将黄龙射死于帐前。辽太祖指着黄龙说道："吾欲伐渤海国，众计未定而龙见（现）吾前，吾能杀之，是灭渤海之兆也。"遂统一了大家东征渤海国的思想。关于这则故事，《契丹国志》同时还记录着另外一个版本："阿保机居西楼毡帐中，晨起，见黑龙长十余丈，蜿蜒其上，引弓射之，即腾空天骄而逝，坠于黄龙府之西，相去已千五百里，才长数尺。其后女真灭辽，尚藏其骸于内库，金酉悟室长子源尝见之。"

其实，龙是人们想象中的吉物，现实中并不存在。《契丹国志》所记录的这则故事不过是给我们透露了这样的信息：辽太祖阿保机西征结束后便想立即东征渤海国，但诸部酋长的思想很不统一，于是，阿保机采取"非常手段"，统一了大家的思想。至于采取了什么样的"非常手段"，就不得而知了。不过，从史籍记载来看，

这个"非常手段"当与射猎有关。有可能是阿保机在射猎过程，获得了吉祥猎物，于是便利用契丹人信奉萨满教的心理，把这个射猎过程中非常正常的事情，与东征渤海国联系起来，从而统一了大家的东征思想。

可以肯定的是，阿保机西征结束不到百天，便举全国之精锐军队开始东征渤海国（公元925年

辽代白釉印花磁盘

辽代茶末釉三弦纹大瓮

辽墓壁画《宴饮图》

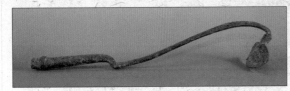

辽代铁质农具

欧阳修出使契丹

1055年，欧阳修以右谏议大夫名义，出任贺契丹国母生辰使，出使契丹。欧阳修一行过雄洲，渡巨马河，来到契丹境内已是寒冬腊月。一路上北风呼啸，黄沙弥漫，四周一片萧索，征马声声悲鸣，冰雪在阳光下闪着熠熠光辉。面对此情此景，欧阳修写下了那首著名《风吹沙》，诗中写道："地理山川隔，天文日月同。儿童能走马，妇女也腰弓。度险行愁失，盘高路欲穷……"由于此诗的传播，使北宋的汉族人士对契丹人所建的辽国有所了解。后来，北宋与契丹交往更为密切，历史上著名的人物如包拯、沈括、苏辙等人，均先后出使契丹。

12月），而且战争进展得异常顺利，只用了半个月的时间，便将建国229年、传15位国王的渤海国灭亡，从而完成了统一北疆大业（应了射黄龙之吉兆）。

辽太祖灭亡渤海国后，将其改为东丹国，意为东边的契丹国，任命皇太子耶律倍为人皇王管理东丹国。为了打消渤海民众的复国梦想，辽太祖将以渤海国王大諲譔为首的渤海王族及有影响的贵族迁到契丹腹地分别建县城居住。

辽代铜铎

辽代穹庐式骨灰罐

辽天显元年（926年）三月，辽太祖押着渤海国王大諲撰一族开始西返，当走到扶余府时突然病重（当年7月），只好派人"卫送大諲撰于皇都西，筑城以居之。"而他自己却没能回到西楼皇都，最终病逝于扶余城外行帐（926年7月27日）。

辽太宗在继承父亲皇位的同时，也继承了父皇迁渤海王族分地以居的遗志，在扩建皇都城的同时，在皇城西侧另建了一座小城，把渤海国王大諲撰一族囚禁其中，这座小城就是本文的渤海王囚城。至于渤海国王大諲撰在此城中生活了多少年，命运如何，史籍中没有记载，就不得而知了。

七、十县

《辽史·地理志》上京临潢府条载"上京临潢府，……户三万六千五百，辖军、府、州、城二十五，统县十。"有关10县情况，《辽史·地理志》记载的较详细：

临潢县。太祖天赞初南攻燕、蓟，以所俘人户散居潢水之北，县临潢水，故以名。地宜种植。户三千五百。

长泰县。本渤海国长平县民，太祖伐大諲撰，先得是邑，迁其人于京西北，与汉民杂居。户四千。

定霸县。本扶余府强师县民，太祖下扶余，迁其人于京西，与汉人杂处，分地耕种。统和

八年，以诸宫提辖司人户置。隶长宁宫。户二千。

保和县。本渤海国富利县民，太祖破龙州，尽徙富利县人散居京南。统和八年，以诸宫提辖司人户置。隶彰愍宫。户四千。

潞县。本幽州县民，天赞元年，太祖破蓟州，掠潞县民，布于京东，与渤海人杂处，隶崇德宫。户三千。

易俗县。本辽东渤海之民，太平九年，大延琳结拘辽东夷叛，围守经年，乃降，尽迁于京北，置县居之。是年，又徙渤海叛人家属置焉。户一千。

迁辽县。本辽东诸县渤海人，大延琳叛，择其谋勇者置之左右。后以城降，戮之，徙其家属于京东北，故名。户一千。

辽代佛像

辽代铁犁

辽代蔡志顺墓志

走进千年辽上京

渤海县。本东京人，因叛，徙置。

兴仁县。开泰二年置。

宣化县。本辽东神化县民，太祖破鸭禄府，尽徙其民居京之南。统和八年，以诸宫提辖司人户置。隶彰愍宫。户四千。

根据《辽史》记载可知，上述10县中，临潢县、长泰县、潞县3县为辽太祖建置，其中临潢县、潞县是辽太祖征伐幽蓟地区迁其民于上京建置，长泰县是辽太祖征伐渤海国迁其民于上京建置，又其中临潢县建置最早，是《辽史》记载辽上京地区建立的第一个汉民县；渤海县为辽太宗所建置，详见下文渤海县节；其他6县由辽圣宗建置，其中的定霸县、保和县、宣化县是辽太祖

红罗女三打契丹

《红罗女三打契丹》描写渤海国巾帼英雄红罗女抗击契丹入侵的英勇故事。渤海国是粟末靺鞨人建立的国家，唐朝曾在此处设立羁縻州。故事中有明确的时代背景，主人公红罗女是渤海国三世大王钦茂（737~793年）的义女。故事中讲述了红罗女三次救驾、三次挂帅抗击契丹的事迹。她对部族忠贞的护卫之情和作战时智勇双全的形象，广为东北民族传唱。后来，红罗女成为满族部分氏族信奉的保护神。上世纪，东北有关文化部门责人专门整理过，《红罗女三打契丹》的民间故事，现以综合不同版本的口头传说，整理成文字版本出版。

征伐渤海国迁其民于上京地区与当地的汉民族杂居，由辽圣宗置县，易俗县、迁辽县、兴仁县3县是辽圣宗迁辽东地区的渤海叛民于上京建置。从中不难看出，10县中以渤海人居多。

10县中，临潢、长泰2县县衙在辽上京皇城内，潞、兴仁、宣化、定霸、保和、易俗、迁辽7县县衙在汉城内，渤海县县衙地址不详，当在上京城附近，详见下文渤海县节。

根据《辽史·地理志》记载，10县中，临潢、长泰、迁辽、渤海、兴仁、易俗等6县隶属于上京临潢府管辖，为国有县；保和县隶属于辽太宗的永兴宫，定霸县隶属于述律平的长宁宫，

浩尔吐辽代古城（辽乌州）残墙

辽崇兴寺双塔之东塔

宣化县隶属于辽景宗的彰愍宫，潞县隶属于承天太后萧燕燕的崇德宫，这4县为辽帝后私人所有县。不过，可以肯定，辽代时10县百姓都居住在上京城附近即今巴林左旗境内，这10县人口加上辽祖州所辖2县1城，即长霸县2000户，咸宁县1000户，于越王城1000户，计30000户（渤海县按1000户、兴仁县按1500户约计），按平均每户5口人来计算，计15万人，再加上全州等漏记州县人口，辽代时巴林左旗境内汉、渤海人口至少在20万以上。

这10县中除易俗、迁辽、兴仁3县外，其他7县人口都是辽太祖朝时期便来到这里，是辽上京早期"拓荒者"和"创业者"，在这里至少世代生活了200余年，与辽王朝相始终。这10县居民以汉和渤海人为主体和多数，他们掌握着当时较先进的农耕、纺织、冶铁、酿酒等手工业技术，开创了巴林左旗历史上最辉煌的时期，如今的巴林左旗大地上仍然遗留有他们的痕迹。

根据巴林左旗第三次文物普查结果，巴林左旗境内现存有辽代古遗址多达421余处，这些遗址以辽上京城遗址为中心，散布于乌力吉沐沦河和沙里河沿岸流域。可以肯定，这些辽代古遗址主要就是以上10县居民留下的居住遗址。这些居民与契丹等游牧民族一起，在巴林左旗这片大地上，开创了继"红山文化"、"富河文化"之后的又一璀璨文化——契丹辽文化。

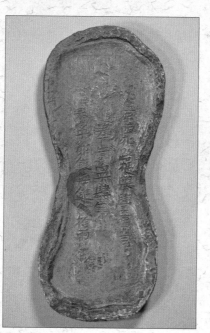

辽代"崇宁四年"银铤

辽代"大康二年"骨灰匣板

八、上京城附近其他州县

根据巴林左旗第三次文物普查结果，巴林左旗境内现存有辽代古遗址421处，其中辽代古城址22处，分布情况如下：白音诺尔镇境内4处：乃林达坝古城、乌兰白旗古城、石棚沟古城、努和图白其古城；碧流台镇境内3处：四方城古城、海苏沟古城、蒙古营古城；十三敖包镇境内2处：宝泉古城、长泰县故城；乌兰达坝苏木境内2处：小城子屯古城、浩尔吐古城；富河镇境内5处：阿青坝古城、小城子古城、小城子地古城、下段古城、西山屯南古城；哈拉哈达镇境内1处：小城子古城；林东镇境内2处：辽上京城遗址、渤海王囚城遗址；查干哈达苏木境内2处：辽祖州城遗城、哈达英格古城；隆昌镇1处：刘家营古城。这其中，辽上京城遗址、辽祖州城遗城、渤海王囚城遗址已经确定；经考证，四方城古城为辽代全州城址，查干哈达苏木哈达英格古城为于越王城址（详见于越王城节），其他17处古城均有待于进一步考证。

巴林左旗是辽王朝京畿之地，只有辽帝后或皇亲贵戚才有权在这里建置州县城，因此上述22处古城，应是辽帝后或皇亲贵戚所建之头下州城址。现根据《辽史》、《契丹国志》及有关史籍记载，结合上述古城址，将辽代时可能在辽上京城附近即今巴林左旗境内的州县城简介如下。

乌州 《辽史·百官志四》州刺史职名总目载："上京道五州：乌、降圣、维、防、招"；"东京道三十七州：……连、肃、乌"。由此可知，辽代有两个乌州，一个在上京道，一个在东京道。上京道乌州《辽史·地理志》有载，而东京道乌州《辽史·地理志》失载，因此上京道乌州址颇受史学界关注，多有考证，也颇有异议。

《辽史地理志汇释》（谭其骧主编）将上京道乌州址考证为吉林省双辽县西北，冯永谦先生将上

京道乌州址考证为内蒙古自治区科尔沁左翼中旗烟灯吐乡中满金敖村等。由此可见，关于上京道乌州址还有探讨的必要。笔者认为，上京道乌州址当为今巴林左旗乌兰达坝苏木浩尔吐古城。

《辽史·地理志》上京道乌州条载"乌州，静安军，刺史。本乌丸之地，东胡之种也。辽北大王拨剌占为牧，建城，后官收。隶兴圣宫。有辽河、夜河、乌丸川、乌丸山"。

上述史料反映了这样的信息：乌州原为头下军州（亦称头下州），后被官府没收；乌州的建立者拨剌曾担任北大王；乌州因建在乌丸川和乌丸山而得名，与辽河、夜河左邻。也就是说，辽河、夜河、乌丸川、乌丸山等地望及北大王拨剌是考证乌州址的主要依据。

关于辽河、夜河、乌丸川、乌丸山地望，史学界多有考证，谭其骧先生主编的《辽史地理志汇释》对各家考证进行了综合：辽河指西辽河即今西拉沐沦河，辽代称潢水；夜河有两条，一

辽代"清宁通宝"铜币

辽代胡人驯狮雕像

耶律楚材（元朝初年著名宰相）读书旧址（位于辽宁北镇医巫闾山里）

辽代座佛像

条是今赤峰市阿鲁科尔沁旗境内海哈尔河（亦称哈齐尔河、哈喜尔河），据《阿鲁科尔沁旗志》载此河唐代以后称夜河，发源于今巴林左旗境北乌兰达坝山脉（辽代赤山）东侧的山谷中，于阿鲁科尔沁旗南部汇入乌力吉沐沦河；一条是今赤峰市阿鲁科尔沁旗西北二百三十里之尹札汉河，即音札哈河，东北流入西乌珠穆沁旗境内；乌丸川为今洮儿河流域的归流河；乌丸山为今巴林左旗境北乌兰达坝山脉，辽代称赤山，中国古代称乌丸山、乌桓山。

从中可以看出，除乌丸川外，辽河（今赤峰市境内西拉沐沦河）、夜河（今阿鲁科尔沁旗境内海哈尔河）、乌丸山（今巴林左旗境北乌兰达坝山脉）距离辽上京（今巴林左旗林东镇）都在百公里左右，亦即都在辽代上京道之内。乌丸川虽然不在巴林左旗境内，但乌丸川显然是因乌丸山而得名。因此，乌丸山地望是确定乌州址的最关键因素。也就是说，辽上京道乌州址当在辽代赤山、今之巴林左旗境北乌兰达坝山脉附近。

关于拨剌其人，《辽史》中没有明确记载。经谭其骧先生考证，此人就是辽太祖阿保机二弟剌葛（见下文"耶律习涅墓"节）。按照辽代头下州制度，一般头下州都建在头下主的领地之内。今巴林左旗在辽代是迭剌部耶律氏家族中辽德祖，即辽太祖阿保机、剌葛之父撒剌的家支的领地。辽廷北大王的前身是迭剌部夷离堇，剌葛在辽太祖阿保机担任契丹可汗后便担任了大内惕隐（907年），四年后又担任了迭剌部夷离堇，即北大王（911年）。这期间他率领本部人马或单独或随兄长阿保机东征西讨，俘获甚众，为了安置所俘虏的人口而建立的私城乌州，必然在其领地之内，亦即在今巴林左旗左近一带。乌州因乌

巴林左旗出土辽壁画——《三男侍仆图》

巴林左旗出土辽壁画——《三女侍仆图》

连续三年起来图谋汗位均失败后，于辽神册二年（917年）投奔了中原的后唐政权，乌州也随之被官府没收。因此，乌州没有被列入辽廷头下军州，而是列入上京临潢府直辖州之内。

根据《巴林左旗志》记载，巴林左旗乌兰达坝苏木浩尔吐嘎查附近现有两处古城遗址：浩尔吐嘎查一处，东西长322米，南北宽326米，有南北二门和马面，曾出土辽、金文物，确定为辽代古城址；浩尔吐嘎查北约5公里的新浩特嘎查内一处，城址方形，边长200米，辟有四门和马面角楼，曾出土金代文物，确定为金代边堡址。这两座古城址均位于流经乌兰达坝山脉狭长山谷的浩尔吐河右（西）岸，南距辽上京古城约100公里。

浩尔吐河发源于乌兰达坝山脉，是辽代狼河今巴林左旗境内最大河流乌力吉沐沦河的主要上源，在辽代时有可能因发源于乌丸山而被契丹人称之为乌丸川。

1987年在距离浩尔吐嘎查古城遗址西北约10公里的小罕山（辽代嘉鹿山）阳坡上，发现了辽代大横帐人耶律习涅墓葬。根据出土墓志记载，习涅的六世祖是辽太祖朝创制契丹大字的耶律鲁不古，《辽史》有传，本传称鲁不古是辽太祖阿保机从侄，但经谭其骧先生考证鲁不古是辽太祖阿保机胞侄，即剌葛之子，亦即习涅是剌葛的八世孙。从目前所发现的辽代头下军州城址来看，其附近都有家族墓地。也就是说，辽代某一显贵家族墓地距离其私城不远，且都在其家族的领地之内。耶律习涅家族墓地的发现，说明浩尔吐嘎查地域（乌兰达坝山脉一带）在辽代是耶律习涅的家族领地，亦即是剌葛家族领地，其私城乌州必然在这一区域内。

综合上述，笔者认为，浩尔吐嘎查古城址即

丸山而取名，由此可以肯定，剌葛所建乌州在巴林左旗境北的乌兰达坝山脉一带。剌葛在兄长阿保机担任可汗的第五个年头起（911年）便与诸弟

辽代契丹文篆书陶印

为辽代上京道乌州址，是辽太祖二弟耶律剌葛所建立的头下州，后被政府收隶。

今本《辽史》是以辽天祚帝朝成书的辽《皇朝实录》七十卷（1103年由耶律俨修纂完成）为底本，上京道乌州得以列入《辽史·地理志》，说明其在辽代末期甚至是金代仍然在沿用。而浩尔吐嘎查古城（即上京道乌州）出土有辽、金文物，说明此城为辽城而被金沿用，也符合乌州这一特征。

关于新浩特嘎查内古城址，虽然《巴林左旗志》将其确定为金代边堡址，但笔者认为，此城有可能是剌葛之子鲁不古（习涅六世祖）的私城——头下州。鲁不古因在辽太祖阿保机朝创制契丹大字有功而出仕（920年），是辽世宗耶律阮朝的重要人物，因帮助辽世宗耶律阮打败开国皇后述律平及其三子耶律李胡夺取皇权有功，而被拜为于越北大王、兵马大元帅，从而得以在家族

领地之内，即父亲剌葛被没入官府的私城乌州侧又建筑了一座私城，其家族墓地也选择在距离私城不远的小罕山（辽代称嘉鹿山）。金灭辽后，鲁不古的私城与乌州一样被金人继续沿用。

渤海县 《辽史·地理志》上京条载，上京临潢府直辖10县中，有9个县的县衙在上京城内，只有渤海县衙不详（详见上文十县节），这不应该是《辽史》漏记，而是渤海县衙根本就不在上京城内，而是另有所在。笔者认为，今巴林左旗哈拉哈达镇小城子古城，应为辽代渤海县城址。之所以这样说，主要出于以下五点考虑：

第一，渤海县民户迁来辽上京的时间。《辽史·地理志》上京临潢府条记载"渤海县。本东京人，因叛，徙置"。由此可知，渤海县是因为东京人叛乱而被迁到辽上京附近建置，但并没有说明迁户时间。有辽一代，辽廷集中迁渤海人来上京附近建州县共有两次，第一次是辽太祖灭亡渤海国（926年）后，为了打消渤海人的复国梦想，将大批渤海人迁到上京附近，时间大约是辽天显元年（926年）至天显二年（927年）两年间。《辽史·地理志》东京道开州条

辽墓壁画《侍奉图》

载"开州……渤海为东京龙原府。……太祖平渤海，徙其民于大部落，城遂废"。这里的东京龙原府即渤海国五京之一，治今吉林省珲春八连城，大部落即辽上京，当时称西楼皇都。也就是说，辽廷第一次迁渤海人到辽上京附近，包括迁徙渤海国东京龙原府人。第二次是辽圣宗太平九年（1029年）平定辽阳东京渤海人叛乱

辽胡人乐舞纹铜镜

后迁一部分渤海叛人到上京附近，时间大约是辽太平十年（1030年）至太平十一年（1031年）两年间。从中不难看出，辽廷两次集中迁渤海人到上京附近，均涉及东京，一个是渤海国东京，一个是辽东京，那么渤海县是迁哪个东京人建置的呢？

辽圣宗太平九年（1029年）时渤海国已经灭亡100余年，且这次迁来上京的辽东京渤海人均为叛乱人员及家属，这些人正是打着恢复渤海国的名义而起兵反辽的，辽廷不可能再冠以"渤海县"名加以安置，因此渤海县民户应是辽天显年间迁来上京的，这些渤海人为原渤海国东京龙原府人，或是身份、地位较其他渤海人要显贵，或是人数较众，因此辽廷特意冠以"渤海县"名而加以安置或慰抚。

第二，渤海县建置时间及建置人。根据《辽史》记载，上京附近建置有祖州、怀州、庆州、饶州及所辖县，其中祖州所辖长霸、咸宁2县，怀州所辖扶余、显理2县，庆州所辖富义1县，饶州所辖长乐、临河、安民3县，再加上临潢府所辖10

县中的长泰、定霸、保和、渤海、宣化5县，计13县是辽天显年间即辽廷第一次集中迁渤海人来上京附近所建置。这13县中，临潢府所辖长泰、定霸、保和、渤海、宣化5县及怀州所辖扶余、显理2县、饶州所辖长乐1县，计8县渤海人由辽太祖所迁，庆州所辖富义县、饶州所辖临河、安民2县计3县渤海人由辽太宗所迁，其他2县即祖州所辖咸宁、长霸2县渤海人没有说明迁徙人。不过，从《辽史》记载来看，辽太祖灭亡渤海国4个月后，便病逝于回军途中，迁渤海人到上京附近，实际上是由辽太宗完成的。进一步来说，辽廷灭亡渤海国后，迁渤海民户到契丹腹地分地而居是辽太祖做出的决策，而贯彻落实这一决策的人却是辽太宗，这其中就包括迁徙渤海县民户。

辽代白釉印花盘

20余月，迁徙渤海人到辽上京附近的工作当已结束，渤海县应建置完成。也就是说，辽太宗建置渤海县时还不是皇帝，他所建立的头下州即渤海县应当在自己的领地之内。

根据《辽史·地理志》怀州条载"怀州……太宗行帐放牧于此。天赞中，从太祖破扶余城，下龙泉府，俘其人，筑寨居之。……太宗崩，葬西山，曰怀陵"。由此可知，辽怀州是辽太宗当皇帝前的私有领地。根据《辽史·地理志》记载，辽太宗在灭亡渤海国后曾迁徙渤海人到这里，建置了怀美州、富义县、临河县、安民县，其中富义县隶属于庆州，临河、安民2县隶属于饶州。怀美州即怀州，治今巴林右旗岗根苏木境内辽怀州古城，庆州治今巴林右旗索博力嘎苏木境内白塔子古城，饶州治今林西县境内辽饶州古城，由此可知辽太宗当皇帝前的领地大致范围为：以怀州为中心，祖州以西，庆州以南，饶州以东，渤海县当在此范围

辽墓壁画《野饮图》

根据《辽史》记载，上述13县中，临潢府所辖的定霸、保和、宣化3县由辽圣宗建置，饶州所辖安民县由辽太宗建置，怀州所辖扶余、显理2县由辽世宗建置，渤海县等其他7县没有说明建置人和建置时间。不过，根据《辽史》关于"渤海县。本东京人，因叛，徙置"的记载来看，渤海县应是当时所建置，其他6县或当时建置或因人口少等原因后来建置。也就是说，渤海县是辽太宗迁东京龙原府渤海人来辽上京附近所建置，时间大约在辽天显元年（926年）至二年间（927年），由此可以肯定，渤海县是辽太宗的头下州。

第三，渤海县址大致位置。辽太宗是天显二年（927年）11月即皇帝位，其时渤海国已经灭亡

辽代壁画

第四章　京府州县城

133

内。

从《辽史·地理志》的记载来看，渤海县建在辽太宗当皇帝前的领地内，隶属于上京临潢府，可知渤海县建在怀州与上京城之间。

第四，哈拉哈达镇小城子古城与石羊沟辽墓。小城子古城位于哈拉哈达镇政府所在地小城子村，东距辽上京古城35公里，东南距离辽祖州、祖陵约15公里，西北与辽怀州、怀陵隔山相望，相距大约15公里。古城西北5公里有一处辽代古墓群，因其附近发现有石羊，被文物部门命名为石羊沟辽墓群（详见下文石羊沟辽墓节）。文物部门曾对石羊沟辽墓群中一座被盗辽墓进行了发掘（因发掘资料没有发表，详细情况尚不清楚）。据到过发掘现场的人士透露，此墓为五代后唐庄宗李存勖伊德妃单人墓葬，出土有数十件银器和墓志（以下简称《伊德妃墓志》）。根据墓志记载，伊德妃在五代后唐灭亡时被辽太宗掠入契丹，生活于怀美州本宫，死后葬于山东30里。由此可知，小城子古城及石羊沟辽墓群一带，在辽太宗朝时隶属于怀美州。

第五，哈拉哈达镇小城子古城与辽太宗的关系。根据目前发现的辽代州城址与辽墓的关系来看，辽代贵族家族墓一般都在其头下州内，且相距不远。石羊沟辽墓群附近发现有石翁仲、石羊、石虎等石像生，显然是辽廷一品大员及显贵家族墓（详见石羊沟辽墓节）。由此我们可以推断，哈拉哈达镇小城子古城与石羊沟辽墓群有着某种联系，即古城是石羊沟辽墓主人的头下州。

根据《伊德妃墓志》记载，伊德妃在后唐灭亡时被辽太宗掠入契丹（936年至937年间），生活于怀美州（今巴林右旗岗根苏木辽怀州古城），辽会同五年（942年）十一月十日病逝于辽

怀美州本宫，在契丹生活5年。伊德妃被掠入契丹后的婚姻及生育子孙情况不详（因笔者没有见伊德妃墓志的详细资料），是被辽太宗纳为妃，还是寡居或被赐予大臣为妻妾不得而知。不过，不论哪种情况，都与辽太宗及哈拉哈达镇小城子古城有关系。

辽代玉雕饰件

辽代黄釉迦陵频伽纹鸡冠壶

辽墓壁画《烹饪图》

一是伊德妃被辽太宗纳为妃或寡居。伊德妃原为后唐庄宗皇帝李存勖的妃子，被辽太宗俘虏看中纳为妃或养于头下州怀美州宫中的可能性非常大，由于受到辽太宗的宠爱，生前或死后被赐予头下州是完全有可能的。哈拉哈达镇小城子古城距离伊德妃墓最近，有可能是辽太宗赐予伊德妃的头下州（生前）或奉陵州（死后）。根据《辽史·地理志》上京临潢府条记载，辽太宗在上京城附近所建的州县中，只有隶属于临潢府的渤海县、隶属于怀州的显理县、隶属于庆州的富义县没有确址。其中，显理县是辽世宗所建，富义县在庆州境内（详见义州节），因此只有渤海县最符合哈拉哈达镇小城子古城条件。

二是伊德妃被赐予大臣为妻妾。以伊德妃身份及生活于辽太宗头下州怀美州本宫来分析，她即使是被辽太宗赐予大臣为妻妾，那么能够享受这一殊荣的大臣不仅官居一品，而且与辽太宗有极特殊的关系，这个人有可能就是萧思温。

萧思温是辽王朝前期一个非常特殊而重要的人物，就其身份而言，他是辽太宗的女婿、辽穆宗的姐夫或妹夫、辽景宗的岳丈、承天皇后萧燕燕的父亲、辽圣宗的外公，这样的一个人娶伊德

妃为妻妾当然是完全够条件的。更主要的是，萧思温墓与石羊沟辽墓有关系。

《辽史·辽圣宗本纪》载，辽统和元年（983年）"八月戊子，上西巡。己丑，谒祖陵。辛卯，皇太后祭楚国王萧思温墓。癸巳，上与皇太后谒怀陵，遂幸怀州。"这段史料记载的是辽圣宗与母亲萧燕燕祭祀祖陵、萧思温墓、怀陵的过程，从中可知萧思温墓在祖陵与怀陵之间，距离两墓的路程差不多。石羊沟辽墓群正位于祖陵和怀陵之间，且周边附近没有发现其他大型或有如此之多石像生的辽墓群，因此有可能就是萧思温的家族墓。

如果石羊沟辽墓为萧思温家族墓的话，那伊德妃葬在这里有两种可能性：第一种可能是小城子古城是辽太宗赐予萧思温夫妻的头下州。萧思温妻子是辽太宗长女吕不古，按照辽廷皇帝女儿出嫁习俗，皇帝女儿出嫁时皇帝往往赐予州县为嫁妆，例如渭州就是驸马都尉萧昌裔娶辽圣宗之弟耶律隆庆女为妻，辽圣宗赐媵户所建。也就是说，小城子古城是辽太宗赐给女婿及女儿萧思温夫妻的头下州，伊德妃因赐予萧思温为妻妾，从而葬在萧思温家族墓地；第二种可能是伊德妃被辽太宗纳为妃或寡居，因在契丹生活时间短（只

辽代狮形茵镇

135

有5年）没有子嗣，死后由辽太宗指定葬在萧思温家族墓地，由萧思温夫妻供奉香火。

综上而言，渤海县由辽太宗建置，位于辽怀州与上京城之间；哈拉哈达镇小城子古城是辽太宗当皇帝前所建的头下州，位于辽怀州与上京城之间，是除祖州城、于越王城之外，距离辽上京最近的辽代古城址，应为辽渤海县城遗址。

唐州 《辽史·国语解》载"辽有四楼，在上京者曰西楼；木叶山曰南楼；龙化州曰东楼；唐州曰北楼。岁时游猎，常在四楼间。"《契丹国志》载阿保机"又于木

北宋向辽进贡银铤

叶山置楼，谓之南楼……大部落北三百里置楼，谓之北楼，后立唐州，今废为村"。这里所说的唐州，不载于《辽史·地理志》，而载于《契丹国志》头下州中，属于上京临潢府所辖之头下军州。

《辽史》所载四楼主要是辽太祖阿保机四时捺钵之所，北楼是其夏捺钵地，而辽太祖的夏捺钵地主要在赤山，即今巴林左旗北境之乌兰达坝山脉。由此笔者推测，唐州位于巴林左旗北境乌兰达坝山脉以西与巴林右旗交界附近，应在白音诺尔镇4处古城中求之。

另外，根据《辽史·国语解》及《契丹国志》有关北楼和唐州的记载，唐州可能只存在于辽太祖朝和辽太宗朝初期，是辽太祖的私人州——头下州，辽太宗朝后逐渐废弃为村，州城址四至并不十分明显。

豫州 《辽史·地理志》上京临潢府所辖头下军州条载"豫州。横帐陈王牧地。南至上京三百里。户五百。"由此可知，豫州是陈王的头下州，位于上京北三百余里。

陈汉章先生所著《辽史索隐》认为豫州建立者横帐陈王是辽太祖六世孙耶律谢家奴，其父耶律隆庆是辽景宗耶律贤与承天皇后萧燕燕次子、

宋辽高梁河之战

宋朝太平兴国四年（979年），北汉归降宋朝，志得意满的宋太宗赵光义决意北伐契丹，收复"燕云十六州"。起初，宋军一路猛进，兵困辽朝南京。辽景宗得知南京被围，急遣南府宰相耶律沙率部下耶律休哥统兵往救。耶律休哥继续率部猛攻，宋军陷入包围，奋战后溃败。耶律沙与休哥继续追击宋军。宋军大败，死者万余人，连夜南退，争道奔走，溃不成军。宋军将领各自走散，不能收敛不下。御驾亲征的皇帝赵光义也与宋军失去联系，身边随行的几位大臣慌忙之中找了一辆驴车请赵光义乘坐，急速南逃。

辽代彩绘朱雀木饰件

辽圣宗之弟，深得其母萧燕燕钟爱，是辽圣宗皇位的有力竞争者，也是有辽一代，九位皇帝直系子孙中，唯一一位享受到皇帝特权而建立斡鲁朵之人。耶律谢家奴，汉名宗允，是耶律隆庆第三子，是辽景宗之孙、辽圣宗之侄，同时也是辽圣宗、兴宗、道宗三朝的重要人物，官至南府宰相，六次封王，续娶辽兴宗之母法天皇太后萧耨斤的姐姐为妃，死后归葬于医巫闾山辽乾陵其父墓侧。以耶律谢家奴之特殊身份和显赫权势，自然是有权在辽上京之地建立头下州的。

根据《辽史地理志汇释》记载，豫州在上京乌州北，左近有吐儿山、屈列山。吐儿山，即今巴林左旗境北乌兰达坝山脉，屈列山是韩匡嗣家族墓所在之山，即今巴林左旗白音诺尔镇北白音罕山，《辽史地理志汇释》据此将豫州确定在扎鲁特旗西北，从方向上看，正是今巴林左旗北境乌兰达坝山脉一带。因此，辽代豫州当在今巴林左旗乌兰达坝苏木与阿鲁科尔沁旗交界处的辽代古城中求之。

辽代长颈陶瓶

第四章 京府州县城

137

义州（富义县）　《辽史·地理志》不载，但《辽史·地理志》庆州和永州条中都涉及到义州。庆州统三县，其中"富义县。本义州，太宗迁渤海义州民于此，重熙元年降为义丰县，后更名。隶弘义宫。"永州统三县，其中"义丰县。本铁利府义州，辽兵破之，迁其民于南楼之西北，仍名义州。重熙元年，废州，改今县。在州西北一百里。又尝改富义县，属泰州。"上述记载虽然混乱，但说明上京临潢府所辖州县中确有义州。《辽史·道宗纪三》记载咸雍八年"夏四月壬子，振义、饶二州民。"说明辽道宗朝时义州仍然存在，且与饶州（今林西县境内）相距不远。

根据义州民户为迁渤海铁利府义州渤海人建置来看，义州应为辽太宗所建的头下州。当年（926年）辽太祖攻取渤海国首都上京忽汗城（今黑龙江宁安），俘虏渤海国王大諲撰后，渤海国各地相继发生叛乱，时任契丹国天下兵马大元帅的辽太宗就是率兵在铁利府平叛。也就是说，辽太宗平定铁利府叛乱后，将义州渤海人迁到上京附近建立了义州，后来又改名为富义县。

《辽史地理志汇释》关于庆州富义县址没有考实，认为其在巴林左旗与西乌珠穆沁旗之间或在林西县境内；冯永谦先生认为辽代有两个义州，一在上京道，一在中京道，并根据元宝山区出土的《创建静安寺碑》有关义州的记载，认为今巴林左旗碧流台镇（原杨家营子镇）蒙古营子古城址为上京义州址。不过，根据元宝山区出土的《耶律昌允墓志》等有关墓志记载，此说还应进一步考证。

根据《辽史》的记载，义州当为辽太宗所建头下州，后改名为丰义县、富义县，隶属于庆州，县址当在今巴林左旗白音诺尔镇境内4处辽代古城中求之。

辽围棋、盏托（赤峰博物馆存）

怀密州　《辽史》不载，新、旧《五代史》均载五代后晋少帝石重贵被迁往辽怀密州，距离黄龙府（今吉林农安）西北一千余里，可知辽代有怀密州，隶属上京临潢府。

关于石重贵被迁往怀密州的大致过程是：辽太宗灭亡后晋政权后，将后晋少帝石重贵封为负义侯迁往辽黄龙府，石重贵一行刚到黄龙府，国母述律平又命其迁往怀密州，石重贵刚走到辽阳，辽世宗又命其留在辽阳。石重贵迁往地点如此变化，与辽廷皇权更迭有直接的关系。石重贵在迁往黄龙府的过程中，辽太宗病逝于镇州（今河北正定）城外，辽世宗耶律阮在镇州即位辽帝，国母述律平不同意，祖孙两人为了争夺皇权兵戎相见，辽廷进入内讧状态。

黄龙府原为渤海国扶余府，当年（926年）辽太祖病逝于扶余城外时，有黄龙现身，辽太宗因改扶余府为黄龙府。黄龙府距离辽上京较远，不仅是契丹防御和镇抚东北女真诸部的重镇，而且也是辽廷发配犯人的地方，社情比较复杂。述律平之所以命石重贵迁往怀密州，显然是考虑辽太宗病逝，辽廷政局不稳，无暇顾及远在黄龙府的石重贵，所以才将其迁到怀密州加以控制，而辽世宗稳定住皇权后将石重贵迁到辽阳，显然也是出于自己的考虑，那就是怀密州不是自己的地盘，辽阳是东丹国首都，是自己即位皇帝前的政治中心，把石重贵迁到辽阳当然是最放心的了。

从述律平想将石重贵迁到怀密州，而辽世宗又将其迁到辽阳来分析，怀密州有可能是述律平

的头下州，将石重贵迁到这里，以便于自己控制。从《辽史》的记载来看，怀密州至迟建置于辽太宗灭亡后晋政权（947年）之前，述律平在辽太祖、太宗两朝的主要活动中心是辽上京左近，她的头下州亦应在这一带，加之怀密州在黄龙府西北一千余里，今巴林左旗正在这个范围内，因此，怀密州应在巴林左旗境内辽代古城中求之。

关于怀密州还有一个值得探讨的问题，那就是辽代怀密州是否就是辽代怀州。根据巴林左旗境内出土的辽代《鲜演墓碑》及"后唐庄宗伊德妃墓志铭"记载，辽代怀州亦称怀美州，与怀密州只有一字之差，且"密"与"美"谐音，是否是同一州有待进一步考证。

辽渤海王城（辽太宗朝初年建筑，囚禁渤海国王之所）残垣

后 记

  这本书是作者多年来阅读《辽史》的心得，同时也想为家乡发展契丹辽文化产业尽一点微薄之力。

  《辽史》在二十四史中错讹最多，这已经是史学界的共识。即便如此，《辽史》仍然是我们研究契丹辽王朝历史的第一手史料。其实任何事物都是一分为二的，正是《辽史》的这种欠缺，给了我们更多的研究和思维空间，使我们可以充分发挥想象力，去遐想千年前契丹人的故事，这也正是作者喜欢阅读《辽史》之所在。

  巴林左旗作为辽上京故地，是契丹辽文化发源地，发展契丹辽文化产业具有得天独厚的优势。这里的每一座山、每一条河都留下了契丹人的足迹和记忆，这里的每一座辽城遗址、每一件辽代文物都蕴含着契丹人的智慧、传承着契丹人的文明。这些都是契丹人留给我们的丰厚遗产，是我们所独有的契丹辽文化资源。发展契丹辽文化产业，需要发掘和研究这些契丹辽文化资源，从中提炼契丹辽文化元素和符号，释放正能量，让更多的人知道契丹人的故事，了解契丹辽文化内涵，营造契丹辽文化氛围，这便是作者撰写本书的初衷。

  本书以《辽史》为第一手史料，参考和采纳了一些古今契丹辽史专家学者的研究成果，其中一些观点是作者一家之言，如辽祖州石室为辽德陵、辽代有永州和祖州两座木叶山、韩知古被述律平所杀等，意在抛砖引玉。

  巴林左旗政府副旗长刘长学、原巴林左旗政府副旗长赵新华、原巴林左旗辽文化办公室主任潘海军对本书提出了建设性意见；巴林左旗辽上京博物馆馆长李建奎、巴林左旗统战部副部长王世明提供了图片资料，巴林左旗档案局任久奎对本书部分图片进行了初步处理，在此谨致谢意。

作 者

2013 年 3 月 25 日于辽上京

后
记

参考书目

1.《辽史》（元）脱脱撰著；

2.《中国历史·辽史》李锡厚著；

3.《五代史话》沈起炜著；

4.《契丹国志》（宋）叶隆礼著；

5.《旧五代史》（宋）薛居正撰著；

6.《新五代史》（宋）欧阳修撰著；

7.《中国边疆经略史》马大正主编；

8.《辽史、金史、元史研究》瞿林东主编；

9.《资治通鉴》（宋）司马光著；

10.《白话续资治通鉴》（清）毕沅著；

11.《简明中国历史地图集》谭其骧主编；

12.《渤海国史话》黄斌、黄瑞、黄明超著；

13.《大辽国史话》黄斌著；

14.《大金国史话》黄斌、刘厚生著；

15.《辽代契丹本土风貌》任爱君著；

16.《辽代后妃参政现象考略》孟凡云、陶玉坤著；

17.《大契丹国》（日）岛田正郎著；

18.《辽代政权机构史稿》何天明著；

19.《临潢集》李锡厚著；

20.《辽金简史》李桂芝著；

21.《辽宫英后》顾宏义著；

22.《契丹帝国传奇》承天著；

23.《北疆通史》赵云田主编；

24.《辽史地理志汇释》谭其骧主编；

25.《辽宋西夏金代通史》漆侠主编；

26.《梦溪笔谈》（北宋）沈括著；

27.《契丹开国皇后》杨军著；

28.《辽太祖阿保机的耶律家族》李强著；

29.《辽夏金元史徵·辽朝卷》张久和编著；

30.《漫话辽中京》乌成荫著；

31.《临潢史迹》曹建华、金永田主编；

32.《大辽韩知古家族》何振祥、曹建华主编；

33.《世家大族与辽代社会》王善军著；

34.《中国古代北方民族通论》林干著；

35.《东胡史》林干著；

36.《松漠之间》刘浦江著；

37.《赤峰历史与考古文集》项春松著；

38.《辽史纪事本末》（清）李有棠撰；

39.《辽上京研究论文集》王玉亭主编；

40.《首届辽上京契丹·辽文化学术研讨会论文集》；

41.《中韩第三届"宋辽夏金元史"国际学术研讨会论文集》；

42.《赤峰文物古迹博览》苏赫、乌国政主编；

43.《辽中京历史文化研究》吴京民主编；

44.《辽庆州白塔文物志略与纪闻》韩仁信著；

45.《巴林右旗文史资料》（第五辑）穆松编；

46.《巴林左旗志》；

47.《阿鲁科尔沁旗志》。

参考书目